SKY 입시생
중등 필독서

상위 1%로 이끌어주는 문학·비문학 독해력

SKY 입시생
중등 필독서

박은선·배혜림 지음

체인지업
CHANGEUP

"

명문대로 가는 가장 확실한 투자, 독서

"

　초등학교 때 책 읽기에 힘썼던 아이도 중학생이 되면 독서는 뒷전이다. 국영수 공부할 시간도 없는데, 책 읽을 여력이 없다고 한다. 어영부영 책을 놓치고 내신 공부마저도 제대로 하지 못해 고등학생이 되어서는 "선생님, 중학교 때 책 좀 더 읽을 걸 그랬어요"라고 십중팔구 후회한다.

　서울대학교 입학 웹진 '서울대 아로리(snuarori.snu.ac.kr)'를 살펴보면 '서울대학교는 앞으로도 계속 독서를 통해 생각을 키어온 큰 사람을 기다립니다'라는 문구가 적혔다. 서울대학교를 비롯한 내로라하는 명문대는 독서를 통해 쌓은 지식과 지혜의 힘을 믿는다. 입학사정관들은 고등학생들의 학생부에서 독서 이력을 꼼꼼하게 살피고 면접 질문으로도 적극 활용한다. 이를 아는 최상위권 고등학생들은 내신 공부는 물론 독서를 소홀히 하지 않는다.

그렇다고 해서 중학생이 당장 고등학교 필독서를 읽을 수는 없다. 보조 바퀴 없는 자전거를 하루아침에 탈 수 없는 것처럼 독서 역량도 차츰 높여 꾸준히 읽는 습관이 필요하다. 중학생의 정서와 수준에 맞는 책을 읽으며 서서히 실력을 올려야 한다.

이 책은 고등학교로 가는 길목에서 중학생들의 학업 역량을 신장시키고, 배경지식을 넓혀줄 수 있는 필독서 50권을 소개한다. 시, 소설, 수필 등 문학 작품부터 과학, 사회, 인문, 예술 등 비문학 작품까지 골고루 실었다. 그리고 책의 내용을 깊이 이해할 수 있도록 개념과 내용을 정리했다. 책을 읽는 데 그치지 않고 확장하여 사고할 수 있도록 깊이 생각할 만한 탐구 주제를 제시하였다. 함께 읽으면 좋은 책을 소개하며 심화 독서까지 이어지도록 안내했다.

당장은 책을 읽는 활동이 쓸모없어 보일 수 있지만, 책을 통해 얻어지는 지적인 역량은 시간이 지날수록 은근한 내공이 된다. 독서는 어휘력, 독해력은 물론 사고력, 문제 해결력을 길러 준다. 난생처음 보는 수능 지문도 가뿐하게 읽을 수 있도록 도와준다. 나아가 폭넓고 깊은 독서는 세상을 배우고 새로운 시각으로 급변하는 세계에 대비할 수 있게 한다. 명문대로 향하는 길에 중학교 생활을 후회하지 않으려면, 무엇보다 독서에 힘쓰길 바란다.

2024 수능이 끝나고
박은선, 배혜림 드림

차례

2교시 비문학

1교시

문학

01 국어 교과서 작품 읽기 중1 수필

박종호, 주예지 | 창비 | 2017

도서 분야 문학 > 수필   관련 과목 국어

국어 공부의 기본은 교과서 수록 작품 읽기로

초등학교 때와는 달리 중학생은 시간이 없다. 중학교는 고등학교로 가는 다리 역할을 하며 영어, 수학 공부에 열을 올려야 한다고 말한다. 많은 시간을 영어, 수학 공부에 할애하고, 상대적으로 국어는 뒷전으로 밀리는 경향이 있다. '우리말을 굳이 더 공부해야 돼?'라는 인식까지 있다. 책 읽을 시간조차 없는데, 국어 공부를 꼼꼼히 하려면 큰 다짐이 필요하다.

하지만, 기억하라. 국어는 영어, 수학만큼이나 매우 중요한 과목이다. 영어, 수학, 사회, 과학 등 다른 과목을 배우는 데 바탕이 되기 때문이다. 독해력, 글쓰기 능력 등 문자를 잘 다루는 역량은 국어 실력에서 온다. 문자를 읽고 해석하고 표현하는 능력이 없으면 다른 교과의 지식을 제대로 이해하기 어렵다. 국어 역량이 높은 사람이 어떤 과목이든 간에 교과서를 제대로 읽고 지식을 배우는 데 유리하다.

국어 공부에 시간을 투자할 만큼 여유롭지 않다면, 국어 공부 잘하는 법부터 익혀 효율적으로 공부해 보자. 교과서를 완전하게 익히는 것이 국어에서 최상위 성적을 받는 비밀이다. 여타의 독서는 하지 않더라도 국어 교과서에 실린 문학 작품만은 제대로 이해하고 있어야 한다. 시, 수필, 소설 등 교과서에 실린 작품으로 문학적 표현, 문학의 특성, 읽기와 쓰기의 본질을 배울 수 있기에 교과서 작품부터 최우선으로 챙겨야 한다.

하지만 교과서로 문학 작품을 읽으면 감성적인 작품마저도 딱딱하게 다가온다. 부분으로 실린 문학 작품은 재미가 없고 공부로밖에 느껴지지 않는다. 그런 면에서 '국어 교과서 작품 읽기' 시리즈로 진정한 문학 작품을 만나고 문학 감상의 기회로 삼아 보자. 이 시리즈는 국어 교과서에 실린 수필, 시, 소설을 학년별로 구성했다. 교육 과정에 맞춰 여러 검정 교과서에 실린 작품을 추려 한 권으로 엮었다. 다음 학년에 올라가기 전인 겨울 방학 동안 이 시리즈를 통해 교과서에 실린 문학 작품을 접한다면, 새 학년 국어 공부가 한결 수월해질 것이다.

《국어 교과서 작품 읽기 중1 수필》에는 32편의 수필이 소개되어 있다. 인문, 사회, 역사, 과학 등 다양한 주제의 글을 선별했다. '엄마의 눈물', '포기하고 싶을 때 딱 한 걸음만 더 나아가라', '건강, 똥에게 물어봐!', '로봇도 권리가 있을까?', '지구에서 인간이 사라진다면' 등 제목만 봐도 흥미로운 글이 가득하다. 또 수필을 읽고 난 후 생각할 거리가 독후 활동으로 제시돼 유익하다. 학생들의 글도 예시로 실려 글쓰기 연습할 때 참고하기에 좋다.

수학, 영어 선행하느라 바쁜 줄 안다. 그렇지만 고등학교 가서 국어 때문에 고생하고 싶지 않다면, 교과서에 실린 작품만이라도 꼭 챙겨서 읽기를 바란다. 처음엔 공부로 읽었다가도, 문학이 주는 힘 때문에 감성이 풍부해지고 마음이 위로받는 경험을 할 것이다. 주인공 감정에 오롯이 공감하며 공부도 하고 감수성도 기르는 시간이 되었으면 한다.

내용 이해 개념 쏙쏙

───── **수필이란** ─────

수필이란 일정한 형식 없이 개인의 경험과 생각을 쓴 글이다. 생활 속에서 보고, 듣고, 느낀 것을 자유롭게 쓰면 된다. 일기, 기행문, 편지 등 실제로 있었던 일에 대한 자기 생각을 솔직하게 쓰면 수필이 된다. 내 생각과 느낌을 담백하게 쓰기에 개성이 강한 게 특징이다. 글쓰기 기술이 없어도 누구나 쓸 수 있다.

수필은 성격에 따라 경수필과 중수필로 나뉜다.

경수필은 미셀러니라고도 부른다. 문장 표현이나 흐름이 가볍다. 흔히 우리가 알고 있는 수필 개념으로, 개인의 경험, 감정, 생각을 가감 없이 자유롭게 쓴 글이다. 좁은 의미의 수필이며 편지, 일기, 서평, 감상문, 기행문, 전기 등이 포함된다. 신변잡기적인 성격이 강하고 주관적이다. 1인칭 시점으로 자기 고백적이며 서정적인 특징이 있다.

중수필은 에세이라고도 부른다. 문체나 내용이 무겁다. 학술 논문이나 대학 리포트, 자기소개, 칼럼, 평론 등이 이에 해당한다. 논리적이고 이성적인 관점에서 쓴다. 자신의 주관이 들어가더라도 객관적인 사실 위주로 쓰는 특징이 있다.

───── 수필 읽기 ─────

수필은 작가의 감정, 경험이 드러나는 글로 작가가 어떤 메시지를 전달하고자 하는지 파악하면서 읽으면 좋다. 전체적인 맥락에서 비유, 은유, 상징 등 문학적으로 표현된 것들에는 어떤 의미가 있는지 유추하면서 읽는다. 작가가 전하는 이야기에 귀를 기울이고 내 경험에 빗대 공감해 보는 자세가 필요하다. 인상 깊은 구절이 있다면 필사하고, 한 번 읽고 난 후에 이해하기 어려운 부분은 다시 읽어 보며 작가의 의도를 헤아려 보자.

　수필은 형식에 구애받지 않는 자유로운 글이다. 자신의 경험과 느낌을 살려 점심시간에 친구들과 급식을 먹으면서 수다 떤 일, 체육 시간에 축구 경기를 하면서 생긴 일, 어젯밤 엄마와 다툰 일 등 무엇이든 나에게 일어난 일은 수필의 소재가 된다. 소재가 다양한 만큼 그 주제도 무궁무진하다. 다만 단순한 일기가 되지 않으려면, 독자에게 전달하려는 바를 생각하며 쓰는 자세가 필요하다. 유머, 교훈, 감동 등 글을 통해 독자에게 주고 싶은 구체적인 메시지를 설정해야 한다. 교과서에 실린 수필이나 잘 쓴 수필을 참고해서 나만의 수필을 써보자.

깊이 보고 넓게 읽기

 심화활동	• 책에 실린 수필 중에서 인상 깊었던 구절을 필사해 본다. • 이 책의 수필을 경수필, 중수필로 나눠 보고 각 수필의 주제를 한 줄 요약해 본다. • 자신의 경험과 느낌이 살아 있는 수필을 써본다.
 함께 읽기	• 국어 교과서 작품 읽기 중1 시 (김아란 외, 창비) • 국어 교과서 작품 읽기 중1 소설 (김미영 외, 창비) • 한국단편소설 40 (성낙수 외, 리베르) • 한국대표수필 75 (피천득 외, 리베르) • 중고생이 꼭 읽어야 할 한국고전소설 45 (권정현 외, 리베르)

도서 분야 문학 > 시   관련 과목 국어

내 마음속의 보석을 줍는 일

국어 교과서에는 매 학기 시 한 편 이상이 등장한다. 시 한 편은 소설책 한 권을 압축해 놓았다고 할 만큼 그 안에 많은 내용을 담고 있다. 그런 시를 읽는 것은 결코 쉬운 일이 아니다. 그래서 현직 중학교 국어 교사가 교과서 속의 시들을 모아 인문학적 시각에서, 학습적인 측면에서 다정하게 시를 설명했다.

《국어 교과서 여행 : 시》는 중학교 1학년부터 3학년까지 교과서에 수록된 시와 더 읽으면 좋을 것 같은 시, 대학수학능력시험, 평가원 모의평가 등에서 다루었던 시가 실린 시집이다. 중학교 1학년, 중학교 2학년, 중학교 3학년, 총 3권으로 구성됐다.

신보경 선생님이 집필한 중학교 1학년 책은 '움트다, 자라다, 맺다, 기대하다, 다시 시작하다'로 구성됐고 총 53편의 시가 수록됐다. 중학교 2학년, 3학년 책은 한송이 선생님이 집필했다. 중학교 2학년은 '과거를 돌아보고, 생각과 시선을 달리하면, 관계가 변화되고, 세상이 다르게 보여요'로 구성됐고 총 54편의 시가 수록됐으며, 중학교 3학년은 '일상, 세상'으로 구성됐고 총 51편의 시가 수록되어 있다.

책의 왼쪽 페이지에는 교과서 속의 시가, 오른쪽 페이지에는 핵심 키워드, 시 이해하기, 작품 관련 설명이 수록됐다. 시를 읽으면서 들었던 생각을 시 이해하기나 작품 관련 설명과 비교하면서 시를 어떻게 읽어야 할지 배울 수 있다. 오른쪽 페이지에 안내된 대로 시를 읽다 보면 마음을 들여다보는 좋은 기회도 될 것이다. 책 속 시 한 편을 소개한다.

봄은 고양이로다

이장희

꽃가루와 같이 부드러운 고양이의 털에
고운 봄의 향기가 어리우도다

금방울과 같이 호동그란 고양이의 눈에
미친 봄의 불길이 흐르도다

고요히 다물은 고양이의 입술에
포근한 봄 졸음이 떠돌아라

날카롭게 쭉 뻗은 고양이의 수염에
푸른 봄의 생기가 뛰놀아라

일제강점기인 1924년에 발표된 시로, 오늘날 이장희 시인을 봄을 대표
하는 시인으로 꼽히게 한 시이다. 따사로운 봄날을 고양이의 형상으로
섬세하게 그려내어 시단을 놀라게 했다. 책에 수록된 작품을 읽노라면
아이들은 물론 부모들까지 마음속에 감성이 움틀 것이다.

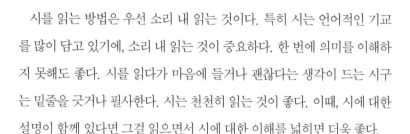

시를 읽는 방법

시를 읽는 방법은 우선 소리 내 읽는 것이다. 특히 시는 언어적인 기교를 많이 담고 있기에, 소리 내 읽는 것이 중요하다. 한 번에 의미를 이해하지 못해도 좋다. 시를 읽다가 마음에 들거나 괜찮다는 생각이 드는 시구는 밑줄을 긋거나 필사한다. 시는 천천히 읽는 것이 좋다. 이때, 시에 대한 설명이 함께 있다면 그걸 읽으면서 시에 대한 이해를 넓히면 더욱 좋다.

시집을 다 읽고 나면 다시 첫 페이지를 펼쳐서 처음 읽고 표시했던 시 중심으로 천천히 다시 소리 내서 읽어 본다. 시는 반복해서 천천히 음미해야 한다. 그래야 더디더라도 시의 내용을 이해할 수 있다.

시어의 함축성

시는 대체로 짧고 간결하다. 하지만 내용은 결코 쉽지 않다. 시를 구성하는 시어가 단순하지 않기 때문이다. 시어에는 시인의 정서가 담겼고, 그것은 읽는 사람마다 다양하게 풀이할 수 있다. 시어는 국어사전만으로 해석할 수 없는 다양한 뜻을 품고 있다. 이를 함축성이라고 한다.

일제강점기는 주권을 빼앗긴 암울한 시대였다. 이런 정서를 차갑고 쓸쓸한 겨울로 표현했다면 '겨울'이라는 시어는 사전적 의미인 겨울이라는 계절을 의미하는 동시에 사전에 없는 일제강점기를 의미할 수도 있다. 시를 읽으면서 시인에게도 관심을 갖고, 시인이 살았던 시대로 관점을 넓혀 시어의 다양한 의미를 유추하는 과정도 시를 이해하기 위해서 반드시 필요하다.

　정지용의 시 '향수'는 노래가 되기도 했다. 테너 박인수, 대중가수 이동원이 듀엣으로 불렀다. 이렇게 시 중에는 노래로 불리는 것이 많다. 그 이유는 시의 음악성 때문이다. 시인은 시를 창작할 때, 글자 수를 일정하게 반복하거나 동일한 시어를 반복해 리듬을 부여한다. 리듬이란 똑같은 요소가 규칙적으로 되풀이될 때 느껴지는 음의 흐름을 의미한다.

　시의 리듬은 시의 내용과 감정을 더욱 깊이 있게 전달하는 역할을 한다. 시인은 특정 시어를 반복해 독자가 느낄 감정의 흐름을 조절하고, 시적 대상과의 관계를 변화시킨다. 특정 시어를 반복하면 음악성이 생길 뿐만 아니라 그 시어가 품은 의미가 강조돼 독자가 시의 주제를 더욱 명확히 이해할 수 있다.

깊이 보고 넓게 읽기

심화활동	• 여러 시 중 가장 마음에 드는 시를 골라 소리 내 낭송해 본다. • 시를 읽고 느낀 감정을 그림으로 표현해 본다. • 여러 시 중 한 편을 골라 읽고, 그 시에 대한 자신의 해석이나 감상을 발표한다.
함께 읽기	• 중1 시를 만나다 (김상욱, 상상의 힘) • 한국단편소설 19 (황순원 외, 문예춘추사) • 국어 교과서에 수록된 작품들

03 국어 시간에 시 읽기 1~4

전국국어교사모임 | 휴머니스트 | 2020

도서 분야 문학 > 시   관련 과목 국어

시를 읽는 기쁨을 느끼기를

시는 시 그대로 느끼는 것이 제일 좋다. '국어 시간에 시 읽기' 시리즈는 시 그 자체의 즐거움을 느낄 수 있는 시 모음집이다. 신나고 재밌는 국어 수업을 위해 모인 국어교사들의 모임 '전국국어교사모임'에서 청소년을 위해 펴냈다. 네 권의 책 속에는 시의 정서를 온몸으로 전해주는, 무언가가 가슴에 고이게 만드는, 학생들 눈높이에 맞는 시가 가득하다.

책 속 작품들은 어떻게 하면 학생들이 시와 가까워질 수 있을까를 고민한 국어 교사들이 신중하게 선별한 것들이다. 시는 언어의 아름다움을 느끼게 하며 세상과 나를 돌아보게 하는 힘을 가진 문학 갈래이다. 결코 쉬운 장르는 아니지만 그렇다고 지레 겁먹을 필요도 없다.

1권에는 '시를 읽는 재미', '나, 세계의 중심', '가족, 이웃, 삶', '작은 발견 큰 기쁨', '지혜, 혹은 삶의 깊이', '흙, 고향, 생태, 생명', '그리움, 사랑의 아름다움', '시, 역사의 꽃'이라는 주제로 141편의 시가 수록됐다. 2권에는 '일상의 모습', '더 나은 세상', '시인의 세계'라는 주제로 106편의 시가 수록됐다. 3권에는 '나를 키우는 말', '어머니의 그륵', '참 좋은 당신', '바드다드의 봄', '소나무에 대한 예배', '지하철에 눈이 내린다', '새벽 편지'라는 주제로 105편의 시가 수록됐다. 4권에는 '단번에 읽히는 시', '읽을수록 맛이 나는 시', '한 구절로도 빛나는 시', '마음이 따뜻해지는 시', '가슴을 짠하게 하는 시', '세상을 이해하게 하는 시', '새롭게 세상을 보는 시'라는 주제로 100편의 시가 수록됐다.

교과서에 나오거나 시험에 나온 유명한 시들도 있지만 대부분 처음 보는 낯선 시들이다. 낯설지만 생각보다 어렵지 않다. 현장에서 매일 중학생들을 만나는 국어 선생님들이 중학생들의 수준과 관심에 맞을 만한 시를 선별했고, 그중에서 중학생들이 직접 좋아하는 시를 뽑게 해서 고른 시들이기 때문이다. 학생들이 쓴 시나 백일장에 당선된 시도 여러 편 담겨 있다. 하지만 선입견을 주지 않기 위해 지은이의 이름만 있을 뿐 시인 정보는 제공하지 않았다.

이 책은 어른의 시각에서 재밌는 시가 아니라 또래 눈높이에서 재밌게 느껴지는 시들을 엮어 어떤 중학생이든 흥미롭게 읽을 것이다. 좋은 시는 좋은 음악이나 좋은 영화처럼 그 자체로 느끼고 감동하게 만드는 시다. 그런 면에서 이 시리즈는 청소년들이 시를 가깝게 느끼는 징검다리 역할을 할 수 있다. 수많은 시를 읽으며 시는 어렵고 먼 것이 아니라 우리 삶의 한 부분이며 마음에 감동을 주는 것이라는 것을 온몸으로 느낄 것이다. 이렇게 시의 즐거움을 깨닫는다면 시를 더 이상 어렵거나 공부해야 할 힘든 것이라고 생각하지 않게 될 것이다.

———————— 시 읽기의 즐거움 ————————

시는 감정을 표현하는 한 방법이다. 시에는 여러 감정이 담겨 있어, 그 감정에 공감하고 자기 경험과 연결할 수도 있다. 이러한 과정은 감정을 깊이 이해하고 표현하는 데 도움을 준다. 또, 언어의 아름다움을 경험할 기회도 제공한다. 시는 복잡한 주제를 다양하게 해석해서 비판적 사고를 기르고 여러 관점에서 사물을 바라보는 능력도 키우게 한다.

시 읽기는 중학생에게 감정의 표현, 언어의 아름다움, 사고의 확장, 문화적 이해 등 다채로운 즐거움을 제공한다. 이러한 경험은 학생들이 더 나은 독자가 되고, 창의적 사고를 발전시키는 데 큰 도움이 될 것이다.

시를 읽는 관점

시의 의미를 더 깊이 이해하는 데 도움을 줄 몇 가지 방법을 소개한다. 첫 번째 방법은 앞에서도 소개한 소리 내 읽기다. 시를 소리 내 읽으면 리듬과 운율을 느낄 수 있다. 리듬을 직접 느끼고 시의 감정을 더 잘 이해하는 데 도움이 된다. 두 번째는 천천히 읽기다. 시는 짧지만 많은 의미와 감정을 담고 있기에 각 단어와 구절을 음미하며 읽는 것이 좋다.

세 번째는 비유, 상징을 찾으며 읽기다. 시에 어떤 비유가 사용됐는지, 그 비유가 무엇을 의미하는지 생각하면 시를 깊이 이해하는 데 도움이 된다. 네 번째는 시인이 전하려 했던 감정에 집중하며 읽기다. 시가 불러일으킨 감정이 무엇인지, 그 감정이 왜 중요한지 고민하며 자신의 경험과 연결하면 시를 더 잘 이해할 수 있다.

마지막으로 시가 쓰인 시대나 작가의 배경을 이해하면 시를 깊이 이해하는 데 도움이 된다. 작가의 생애, 역사적 배경, 사회적 맥락 등을 알고 시를 읽으면 시의 의미가 더욱 풍부해진다. 이렇게 다양한 방법으로 시를 바라보면 시가 우리에게 더 깊은 감동과 통찰을 줄 것이다.

시를 감상하는 법

인상 깊었던 구절이나 이미지를 선택하고 그 이유를 설명하는 것이 감상의 시작이다. 시를 읽으면서 느낀 감정을 기록하고, 어떤 감정을 가장 강하게 느꼈는지, 그러한 감정이 왜 생겼는지, 감정 변화가 생겼다면 어떤 변화가 있었는지 과정을 짚어보는 것도 좋은 감상법이다.

가능하다면 시에서 이야기하는 메시지를 한두 문장으로 요약해보는 것도 좋다. 이는 시에서 이야기하는 바를 명확히 알도록 도와준다. 시의 내용이나 감정이 자신의 경험과 어떻게 연결되는지 생각하면 시에 더 공감할 수 있다. 다양하게 시를 해석해 보는 것도 좋다. 시를 더욱 풍부하게 감상할 수 있기 때문이다.

깊이 보고 넓게 읽기

 심화활동	• 인상 깊은 시를 필사해 본다. • 가장 감동적이었던 시를 고르고 그 이유를 친구들과 나눈다. • 자신의 생각이나 감상을 담은 시를 직접 써 본다.
 함께 읽기	• 국어시간에 옛시 읽기 (전국국어교사모임, 휴머니스트) • 국어시간에 노랫말 읽기 (공규택, 조운아, 휴머니스트) • 국어시간에 세계시 읽기 (전국국어교사모임, 휴머니스트) • 청소년 마음 시툰 : 안녕 해태 (싱고, 창비교육) • 시 읽는 법 (김이경, 유유)

나태주 | 북치는마을 | 2020

도서 분야 문학 > 시　　　　**관련 과목** 국어, 역사

동시도 잘 썼던 윤동주 시인

한국인이 가장 사랑하는 시인 윤동주. '별 헤는 밤, 서시, 자화상' 등의 시에서 엿볼 수 있는 것처럼 일제강점기에 한 점 부끄럼 없이 살고자 했던 윤동주 시인은 동시도 약 30편 가량 썼다. 아마 윤동주 시인이 동시를 썼다는 이야기는 처음 들었을 것이다.

《나태주 시인이 들려주는 윤동주 동시집》은 윤동주 시인의 동시를 모은 동시집이다. 시마다 현 시인인 나태주 시인이 그 시에 대한 이야기를 손자에게 들려주듯 쉽게 풀어준다. 다정한 나태주 시인의 글을 함께 읽으면 시를 한결 쉽게 이해할 수 있다.

책에는 '편지', '버선본', '산울림', '해바라기 얼굴', '귀뚜라미와 나와' 등 총 48편의 윤동주 시인의 동시가 수록됐다. 그중에는 중학교 교과서에 수록된 것도 있고, 수록되지 않은 것도 있다. 교과서 수록 여부와 상관없이 윤동주의 동시를 읽으면 우리말의 아름다움을 보전하고 우리 문화를 기억하려는 윤동주의 마음을 느낄 수 있다. 교과서에도 수록된 동시 중 하나인 '햇비'를 살펴보자.

햇비
윤동주

아씨처럼 나린다
보슬보슬 햇비
맞아 주자 다 같이
옥수숫대처럼 크게
닷 자 엿 자 자라게

해님이 웃는다
나 보고 웃는다

하늘 다리 놓였다
알롱알롱 무지개
노래하자 즐겁게
동무들아 이리오나
다 같이 춤을 추자
해님이 웃는다
즐거워 웃는다

'보슬보슬', '알롱알롱' 같은 음성 상징어로 운율감을 살리고, '아씨처럼', '옥수숫대처럼' 등의 직유법이나 '해님이 웃는다' 등의 의인법 등 다양한 비유적 표현을 사용했다. 또 한 행에 4글자, 3글자의 2음보로 노래처럼 읽히도록 해서 아이들이 즐겁게 읽을 수 있도록 섬세하게 구성했다.

윤동주의 동시를 읽고 있노라면 '부끄러움'의 시인 윤동주가 아니라 우리말의 섬세한 아름다움을 잘 살려 어린이의 마음을 노래한 시인 윤동주를 만날 것이다. 나태주 시인의 설명까지 함께하면 동시가 공부의 대상이나 어려운 대상으로만 느껴지지 않을 것이다.

───────── 우리말을 사랑한 시인 ─────────

윤동주는 소극적인 저항 시인이었다는 평가를 받는다. 그러나 창씨개명 등 우리말을 없애기 위한 일제의 만행이 횡행하던 때에 우리말로 글을 써서 우리의 정신을 이어나간 것은 용감한 일이었다. 윤동주 시인의 시에는 아름다운 우리말, 우리 민족의 정신이 살아 숨 쉰다.

'죽는 날까지 하늘을 우러러 한 점 부끄럼' 없기를 소망했던 시인은 최남선, 이광수 등 일본의 편에서 친일하던 작가들과 달리 일본어로 된 글을 쓰지 않고, 친일 작품도 쓰지 않았다. 우리말의 아름다움이 가득한 윤동주의 동시를 읽으면 윤동주 시인이 우리말을 얼마나 사랑했는지, 우리말이 얼마나 아름다운지 새삼 느낄 수 있을 것이다.

───────── 윤동주가 살았던 시대 ─────────

윤동주는 1917년, 일제강점기에 태어났다. 일제강점기는 1910년부터 1945년까지로, 한반도가 일본의 식민지였던 시기를 의미한다. 그가 태어나기 전인 1910년부터 태어난 직후인 1919년까지는 무단통치 기간으로, 이 시기에 일본군은 무력으로 우리 민족을 강압적으로 통치했다. 정치, 경제, 사회 전반에 걸쳐 일본의 통제가 강력했다.

윤동주가 두 살 무렵이던 1919년에는 3.1운동이 펼쳐졌다. 3.1운동은 우리 민족이 독립을 요구하며 일어난 대규모 민족 운동으로, 민족의식을 고취시키고 독립에 대한 열망을 불러일으켰다. 이후 1937년까지 일본은 문화통치를 했다. 이 시기는 억압보다 회유책으로 저항을 잠재우려 했다.

1937년 중일전쟁 이후부터 1945년까지는 일본이 전쟁을 겪은 후라 더욱 강력한 무력 통치가 이루어졌다. 창씨개명, 일본어 사용 강요 등 정책을 시행해 우리 민족의 전통문화와 관습을 말살시키려 했다. 이런 강압적인 사회 분위기는 윤동주가 자신의 정체성을 지키기 위해 더욱 노력하게 했다.

3.1운동 당시 윤동주는 겨우 두 살이었지만 이 운동이 남긴 민족의식은 그의 정신에 중요한 영향을 미쳐 후에 시를 통해 민족의 고난과 슬픔, 저항 정서를 표현하게 된다. 일제가 문화통치로 전환한 뒤에도 우리 민족은 여전히 언어와 문화에 대한 억압을 경험했다. 이러한 억압 속에서 성장한 윤동주는 민족 정체성에 대한 갈망을 품었다. 그의 시에는 이러한 감정이 잘 드러나 있다. 윤동주의 삶을 생각하며 그의 시를 읽는다면 지금까지와 또 다르게 읽힐 것이다.

깊이 보고 넓게 읽기

심화활동	• 윤동주의 시 한 편을 골라 운율, 비유법 등을 비슷하게 활용한 자신만의 시를 쓴다. • 윤동주의 시 중에서 우리말의 아름다움이 드러난 시를 찾고 이유를 설명한다. • 윤동주가 살아있다면 어떤 질문을 하고 싶은지 가상 인터뷰를 해본다.
함께 읽기	• 초판본 하늘과 바람과 별과 시(時) : 윤동주 유고시집 (윤동주, 소와다리) • 마음의 온도는 몇 도일까요? (정여민, 김영사) • 거기, 내가 가면 안 돼요? (이금이, 사계절) • 나는 조선의 소년 비행사입니다 (한정영, 다른) • 하얼빈 (김훈, 문학동네)

05 김유정을 읽다

서울국어교사모임 | 휴머니스트 | 2021

도서 분야 문학 > 한국 소설   **관련 과목** 국어, 역사

짧지만 강렬한 삶을 살다 간 작가

중학교 국어 교과서에 많이 등장하는 작가 중 하나가 김유정이다. 아무래도 짧은 글에 재미와 현실 문제에 대한 고민을 담고, 대상에 대한 따스한 시각을 유지한 작품으로 김유정의 작품만 한 것이 없기 때문일 것이다. 그런데 대부분의 중학생은 '동백꽃'은 알지만 그 글을 쓴 김유정에 대해 잘 모른다.

글을 잘 읽으려면 작가가 어떤 사람인지 아는 것이 중요하다. 글에는 작가의 생각과 사상이 담겨 있기 때문이다. 《김유정을 읽다》1부에서는 김유정의 삶과 김유정의 작품 세계에 대해 다루고, 2부에서는 김유정의 대표작 '봄·봄', '동백꽃', '만무방', '금 따는 콩밭'을 살펴볼 수 있다.

김유정은 1908년 1월 11일(음력) 2남 6녀 중 일곱째로 태어났다. 첫아들을 낳고 내리 딸을 낳은 어머니는 아들을 낳게 해달라고 간절히 기원했고, 김유정이 태어났다. 할아버지가 돌아가시고 김유정의 가족은 서울로 이사한다. 서울 집은 100칸이 넘는 부잣집이었다.

그러나 서울로 이사하고 집안에 불행이 닥친다. 이사한 지 1년도 안 돼 어머니가 돌아가셨다. 그때가 김유정이 일곱 살 때였다. 아홉 살 때는 아버지도 돌아가신다. 부모님이 돌아가신 후, 형이 술과 방탕한 생활로 재산을 탕진해 춘천으로 돌아간다. 1933년, 안회남의 권유로 서울로 올라와 소설을 쓰며 작품 활동을 하지만, 폐결핵과 치질이 악화돼 다섯째 누나가 있는 경기도 광주에서 투병하다 1937년, 29살로 생을 마감했다.

김유정이 공식적으로 작가로 활동한 기간은 1935년부터 1937년까지다. 짧다면 짧은 2년 동안 31편의 소설과 12편의 수필을 발표했다. 데뷔작인 '소낙비'는 농촌을 배경으로 한다. 당시 농촌소설은 주로 농촌을 계몽하거나 낭만적으로 그려냈는데, 김유정은 어려운 상황에서도 어떻게든 열심히 살아가려는 농민의 모습을 해학적으로 그려냈다. 그래서 그의 농촌은 슬프기보다 웃음이 가득하다. 그의 대표작 몇 가지를 살펴보자.

'봄·봄'은 장인이 '나'를 점순이와 결혼시켜 준다며 데릴사위로 데려와 공짜로 머슴으로 부려 먹으면서 생기는 갈등을 다룬다. 이를 통해 당시 마름의 횡포가 심각했던 농촌의 현실과 데릴사위 제도에 대해 생각하게 한다. '동백꽃'은 소작농의 아들인 '나'에게 마름의 딸인 점순이가 좋아하는 마음을 품으면서 일어난 일을 다룬다. 점순이의 행동들에 소작농과 마름이라는 관계 때문에 '나'는 제대로 반격하지 못한다. 어린 남녀의 사랑이야기 이면에 마름과 소작농의 갈등을 담았다.

'금 따는 콩밭'은 콩을 키우던 영식이 수재의 꼬임에 넘어가 콩밭을 파헤쳐 금을 찾으며 폭력적으로 변해가는 이야기를 다룬다. 황금광 시대에 일확천금을 노리던 부패한 시대적 현실을 보여준다. 이 작품들은 농민의 삶을 사실적으로 그리면서도 그들의 고난을 유머러스하게 풀어낸다.

이렇게 김유정의 작품은 주변에서 흔히 볼 수 있는 등장인물들을 통해 시대적 상황까지 함께 그려낸다. 비참한 시대이지만 그들의 이야기는 유쾌하고 재미있다.

김유정

1930년대를 대표하는 소설가 중 한 사람으로 일제강점기라는 비참한 현실 속에서도 해학과 풍자를 통해 독자들에게 유쾌한 즐거움을 선사했다. 그의 글은 단순 농촌 이야기 이상의 깊이를 지니며 사회 현실을 비판한 동시에 인간에 대한 따뜻한 시선을 담고 있다. 그래서 독자들에게 웃음과 감동을 느끼게 한다. 김유정은 짧은 생애에도 불구하고 한국 문학사에서 중요한 위치를 차지하며, 그의 작품은 오늘날에도 많은 사랑을 받고 있다.

유머와 해학의 힘

김유정의 작품에서 유머와 해학은 중요하다. 그의 소설은 농촌 사회의 일상과 갈등을 사실적으로 묘사하면서 그 속에 유머를 담아 독자에게 웃음을 선사한다. 해학은 단순한 웃음 유발 그 이상의 효과를 내는 기법이다. 비판적 인물을 우스꽝스럽게 표현해 독자들이 그를 동정하거나 애정을 느끼게 하는 것이다. 이러한 인물들은 종종 모자란 부분이 있어서 그들 사이의 사건이나 갈등이 재미를 유발해 악의 없는 웃음을 유발한다. 풍자와 비슷하지만 꽤나 다르다. 풍자는 비판적 인물을 내세워 그를 공격하며 비웃음을 유발하는 것이다.

  김유정의 사망 이유는 결핵이다. 그는 결핵이 악화돼 젊은 나이에 숨을 거뒀다. 결핵은 역사적으로 많은 문인과 예술가들의 삶을 앗아간 질병이다. '글쟁이들의 직업병'이라 불리기도 한다. 데카르트, 칸트, 스피노자, 도스토예프스키, 조지 오웰 등 여러 천재 작가가 결핵으로 사망한 사실은 이 질병이 얼마나 광범위하게 퍼졌는지를 보여준다.

  결핵은 호흡기로 감염되며 면역력이 떨어지면 발병한다. 1950년대 치료제가 나오기까지 결핵은 인류의 천적이었다. 결핵에 걸리면 피부가 창백해지고 여윈다는 점, 그리고 환자를 시한부로 만든다는 점 등은 결핵이라는 병에 환상을 불어 넣었다. 일부 사람들은 천재들이 결핵에 걸린다고 믿었으며, 그런 이유로 결핵에 걸리고 싶어 했던 예술가도 많았다.

깊이 보고 넓게 읽기

심화활동	• 김유정 작품 중 하나를 선택해 인상 깊은 부분과 그에 대한 생각을 써 본다. • 김유정 작품에 나오는 낯선 토속어를 찾아서 사전에서 의미를 알아본다. • 김유정 작품의 시대적 배경을 찾고, 등장인물들의 삶과 어떤 관계인지 조사한다.
함께 읽기	• 이상을 읽다 (전국국어교사모임, 휴머니스트) • 현진건을 읽다 (전국국어교사모임, 휴머니스트) • 채만식을 읽다 (전국국어교사모임, 휴머니스트) • 김유정 (이상, 스피리투스) • 방학 (최설, 마시멜로)

06 모모

미하엘 엔데 | 비룡소 | 2024

도서 분야 문학 > 외국 소설 　　　　　**관련 과목** 사회, 도덕

아무튼 모모에게 가 보게

시간은 단순히 저축하거나 소비할 수 있는 물건이 아니다. 삶의 소중한 순간은 돈으로 살 수 없으며 순간순간 성실히 살아야 진정한 행복을 느낄 수 있다. 현대인들은 성공을 위한 경쟁 속에서 시간 절약이라는 명목으로 사람들과의 교류, 자신을 들여다보는 시간, 가족과 함께하는 시간 등을 포기하고 있는지도 모른다. 《모모》에는 사람들의 이야기에 진심으로 귀 기울이고 들어주는 모모가 나온다. 우린 모모의 모습에서 진정한 의사소통의 의미를 생각할 수 있다.

작은 도시의 폐허가 된 원형극장에 모모라는 이름의 소녀가 나타난다. 소녀의 과거도 어디서 왔는지도 아무도 모른다. 마을 사람들은 모모를 고아원에 보내려 했지만 모모는 혼자 살 수 있다며 극장 터에 자리 잡는다. 모모에겐 특별한 능력이 있었다. 그건 바로 사람들의 이야기를 진심으로 들어주는 것이었다. 모모와 대화를 한 많은 사람은 스스로 자신의 문제를 해결하게 됐다. 마을 사람들은 처음에는 모모를 경계했으나 곧 모모를 사랑하며 모모와 함께 보내는 시간을 소중히 여긴다. 무슨 일이 생기면 이렇게 말하곤 했다. "아무튼 모모에게 가 보게."

아이들은 모모와 노는 것을 좋아했다. 소나기가 내리던 날, 모모와 아이들은 폭풍 속을 항해하는 배를 상상하며 논다. 모모가 좋아한 친구는 자신의 일을 사랑하는 느리지만 진중한 베포, 이야기 만드는 걸 좋아하는 젊고 잘생긴 관광안내원 기기였다. 기기는 상상력을 발휘해 다채로운 이야기를 풀어냈다. 모모에게 이야기 들려주는 것을 제일 좋아했다.

어느 날 마을에 회색 옷을 입은 신사들이 나타난다. 그들은 사람들에게 시간저축은행을 소개하며 시간을 절약하고 저축하는 방법을 알려준다.

꽃 한 송이를 선물하기 위해 사랑하는 사람에게 방문하는 시간, 귀가 어두운 어머니 곁에 앉아서 이야기 들어드리는 시간을 아껴 시간저축은행에 저축하면 나중에 이자를 쳐서 더 많이 돌려준다고 설득한다.

사람들은 더 많은 시간을 저축하기 위해 가족, 친구, 취미생활 등 그들이 소중하게 생각했던 것들을 하나하나 포기하기 시작한다. 도시는 점점 무기력하고 차가운 곳으로 변해간다. 어른들은 더 이상 모모를 찾지 않는다. 부모들이 시간을 효율적으로 쓰는 데 매진하자 아이들은 외로움에 빠져 점점 더 극장을 찾는다. 사람들의 관계는 얕아지고 아이들 웃음도 점차 사라진다. 모모는 변화를 유심히 살피고 회색 신사들의 진짜 목적이 무엇인지 파악하기 시작한다.

모모가 사람들을 회유하고 다니는 걸 알게 된 회색 신사들은 모모를 설득하러 온다. 하지만 모모는 그들에게 관심을 갖지 않는다. 회색 신사들은 모모를 설득하려 시간저축은행의 비밀을 이야기해 버린다. 모모는 그들을 물리칠 방법을 찾지만 좋은 방법을 찾지 못한다.

그때 거북이 카시오페이아가 나타난다. 카시오페이아를 따라 시간의 근원지에서 호라 박사를 만난 모모는 시간의 비밀을 이해한다. 회색 신사들은 사람들의 시간을 훔쳐 그것으로 시가를 만들어 피워 살아간다는 것도 듣게 된다. 호라 박사는 모모에게 자신이 잠들어 시간을 멈추면 회색 신사들이 시간을 모아둔 창고로 간 뒤 사람들에게 돌려주라고 한다.

모모는 창고의 문을 열고 창고 속의 시간이 원래 주인에게 돌아가도록 한다. 회색 신사들은 모모를 막으려다 시간으로 만든 시가를 떨어뜨려 소멸한다. 모든 게 제자리로 돌아가기 시작한다. 사람들은 감정을 되

찾고 이웃에게 관심을 가졌으며 아이들은 거리에서 놀기 시작했다. 친구들이 다시 모모의 원형극장에 찾아왔다. 모모는 친구들에게 노래를 불러준다. 호라 박사는 요술 안경으로 모모와 친구들의 모습을 확인한다.

─────────────── 경청의 중요함 ───────────────

단순히 다른 사람 말을 듣는 것이 아닌, 그 사람이 말하고자 하는 바를 세밀하게 듣고, 내면까지 두루 살피는 것이 경청이다. 경청에서 가장 중요한 건 상대방이 말한 그대로를 수용하는 것이다. 모모의 경청하는 모습을 통해 자신의 듣기 태도를 반성할 수 있다.

> 모모는 어리석은 사람이 갑자기 아주 사려 깊은 생각을 할 수 있게끔 귀기울여 들을 줄 알았다. 상대방이 그런 생각을 하게끔 무슨 말이나 질문을 해서가 아니었다. 모모는 가만히 앉아서 따뜻한 관심을 갖고 온 마음으로 상대방의 이야기를 들었을 뿐이다. 그리고 그 사람을 커다랗고 까만 눈으로 물끄러미 바라보았을 뿐이다. 그러면 그 사람은 자신도 깜짝 놀랄 만큼 지혜로운 생각을 떠올리는 것이었다. (p.23)

─────────────── 회색 신사들의 상징 ───────────────

회색 신사들은 시간의 효율적인 사용을 강요한다. 시간의 효율을 추구하면 소중한 순간을 잃어버리고, 진정한 행복을 느끼지 못한다. 또, 회색 신사들은 사람들이 시간을 절약해 더 많은 일을 하고 성취만을 추구하게 만든다. 그 과정에서 느낄 수 있는 진정한 가치와 의미를 잃어버리는 것이다. 이는 정신적 고립, 삶의 목적 상실이라는 결과를 가져올 수 있다.

그들은 사람들 간의 소통을 방해하기도 한다. 개인주의가 만연하며 서로의 이야기를 듣지 않고, 격리된 삶을 살아가는 현대 사회를 떠올리게 하는 부분이다. 소통의 부족은 인간관계의 피로감을 높이고 소외감을 초래해 서로의 고통이나 기쁨을 공감하지 못하게 한다.

결국 회색 신사들은 현대 사회의 복잡한 문제들을 상징하며, 이를 통해 사람들에게 시간의 진정한 가치를 재조명하고, 더 나아가 인간 존재의 의미에 대해 생각하게 한다. 모모는 회색 신사들과 맞서 싸움으로써, 우리 삶에서 진정 중요한 것이 무엇인지를 떠올리게 하는 것이다.

깊이 보고 넓게 읽기

심화활동	• 등장인물들이 상징하는 바가 무엇인지 친구들과 의견을 나눠 본다. • 시간, 관계, 소외 등에 대해 현대 사회와 연결해 논의해 본다. • 시간에 대해 다룬 다른 작품을 읽고 두 작품을 비교해 본다.
함께 읽기	• 감정 호텔 (리디아 브랑코비치, 책읽는곰) • 사라진 것들 (앤드루 포터, 문학동네) • 나는 일주일 전으로 갔다 (실비아 맥니콜, 라임) • 꽃길이 따로 있나 내 삶이 꽃인 것을 (오평선, 포레스트북스) • 여름을 한 입 베어 물었더니 (이꽃님, 문학동네)

07 어린 왕자

앙투안 드 생텍쥐페리 | 열린책들 | 2015

도서 분야 문학 > 외국 소설　　　　관련 과목 도덕

가장 중요한 것은 눈에 보이지 않는단다

《어린 왕자》에 등장하는 어른들은 물질적인 성공이나 사회적 지위 등 외적인 것에 집착한다. 우리 사회에서도 어른들은 고급 자동차, 명품 브랜드, 높은 직급 등으로 자신의 가치를 증명하려고 한다. 그러나 이런 외적 요소들은 진정한 행복을 가져다주지 않는다.

물질적인 성공은 일시적 만족감을 줄 수 있지만, 지속적인 행복으로 이어지지는 않는다. 높은 지위에 오르거나 재산을 축적한 후에도 여전히 공허함을 느끼고, 진정한 행복을 찾지 못하는 경우가 많다. 외적 성공이 내면의 평화와 사랑을 대체할 수 없기 때문이다. 진정한 행복이란 무엇인지 다시 생각할 필요가 있다.

주인공은 어릴 적 화가를 꿈꾸었다. 코끼리를 삼킨 보아뱀을 그려 어른들에게 보여주자 어른들은 그 그림을 보고 모자라고 했다. 눈에 보이는 것만 좇는 어른들의 눈에는 보아뱀의 뱃속이 보이지 않은 것이다. 주인공은 자라서 어른들이 만족할 만한 비행기 조종사가 된다.

비행기 사고로 사하라 사막에 불시착한 주인공은 생사를 고민하던 중 우연히 한 소년을 만난다. 소년이 다른 별에서 온 왕자라는 걸 알게 된다. 어린 왕자는 주인공에게 자신의 별에서 키울 양 한 마리를 그려달라고 한다. 주인공이 그려준 양을 보며 어린 왕자는 불평한다. 결국 주인공은 양 대신 상자를 그리고 그 상자 안에 어린 왕자가 원하던 양이 있다고 한다. 어린 왕자는 그 상자를 보고 자기가 찾던 양이라고 만족한다.

어린 왕자는 자신의 별 이야기를 한다. B612라는 작은 혹성에 살았는데, 혹성에는 작은 화산 세 개가 있었다. 하나는 잠을 자고 있어서 의자로 사용했고, 나머지 두 개는 요리하는 화구로 사용했다. 그러다 어디서 날

아왔는지 모를 작은 씨앗을 심었는데, 예쁜 장미꽃이 피었다. 어린 왕자는 정성껏 장미꽃을 돌봤다. 하지만 장미꽃은 어린 왕자에게 상처만 줄 뿐이었다. 그때 어린 왕자는 자신을 찾아온 사업가에게 다른 별 이야기를 듣고 더 큰 세상을 알면 장미꽃의 행동을 이해할 수 있을 거라 생각해 여행을 결심했다.

그 후 여러 별을 여행하며 사람들을 만났다. 권위가 무엇보다 중요했던 왕이 사는 별, 자기를 칭찬하는 말 외에는 들으려 하지 않는 허영심 많은 사람이 살고 있는 별, 술 마시는 게 부끄러워 그것을 잊기 위해 다시 술을 마신다는 주정뱅이가 사는 별, 하늘에 보이는 5억 개 별이 모두 자기 것이라 주장하는 과대망상증 상인이 사는 별, 자신이 사는 별이 너무 작아서 그럴 필요가 없는데도 1분마다 불을 켜고 끄는 이상한 사람이 사는 별, 지질학자지만 한 번도 산과 강을 본 적이 없다는 지질학자의 별을 방문했다. 어린 왕자가 만난 사람들은 하나같이 이해할 수 없는 생각과 행동을 하고 있었다.

그러다 마침내 도착한 곳이 지구의 사막이다. 사람들을 만나려 했지만 사막에는 사람이 없었다. 어린 왕자가 처음 만난 건 뱀이었다. 뱀은 어린 왕자에게 언제고 떠나온 별이 그리우면 도와줄 수 있다고 말했다.

다음으로 여우를 만났다. 여우는 어린 왕자에게 길들인다는 말의 의미와 책임을 알려준다. 또, 잘 보려면 눈이 아니라 마음으로 보아야 한다는 것도 가르쳐 준다. 어린 왕자는 여우를 통해 정원을 가득 메운 장미꽃들보다 자신과 관계를 맺은 장미꽃 한 송이가 더 소중하다는 걸 깨닫는다. B612에 함께 살던 자존심 강하지만 한없이 약한 장미를 위해 자기 별로 돌아갈 것을 결심한다.

비행기 수리를 끝낸 조종사는 어린 왕자에게 자신과 함께 가자고 권하지만 어린 왕자는 서로 길들이며 관계를 맺은 장미꽃에 대한 책임을 다하기 위해 뱀의 독을 이용해 지구를 떠난다. 어린 왕자는 주인공에게 자신의 별은 너무 작아서 어디 있는지 가르쳐 줄 수 없지만 수많은 별 중 하나일 거라며, 어느 별을 봐도 즐거울 것이라고 말한다.

시간이 흘러 6년 후, 주인공은 밤하늘의 별을 바라볼 때마다 어린 왕자, 장미꽃, 그리고 어린 왕자에게 그려준 양을 생각하며 어린 왕자가 어딘가에 살고 있으리라는 희망을 품는다.

─── 진정한 우정의 가치 ───

어린 왕자는 여러 행성을 여행하며 다양한 인물을 만나고, 그 과정에서 진정한 친구의 의미를 깨닫는다. 친구란 단순히 함께 시간을 보내는 사람이 아니라, 서로의 마음을 이해하고 지지하는 존재다. 어려운 순간도 함께하며, 차이를 인정하고 존중하는 데서 우정이 시작된다. 친구의 개성을 받아들이고, 감정을 솔직하게 나누고, 기쁨과 슬픔을 함께 나누면, 깊은 관계를 형성할 수 있다. 어린 왕자와 장미꽃처럼 말이다.

어린 왕자는 고향인 소행성을 떠나 여러 행성을 탐험하면서 외적인 것에 집착하는 어른들의 모습을 목격한다. 행성에서 만난 인물들을 통해 물질적인 것에만 집중하는 어른들의 삶이 얼마나 공허한지를 깨닫는다.

지구에서 만난 여우는 "가장 중요한 것은 눈에 보이지 않아"라고 한다. 여우와의 대화는 어린 왕자에게 사랑과 우정의 진정한 의미를 깨닫게 한다. 사랑, 우정, 책임감 같은 감정들은 물질적인 것과는 다르게, 눈에 보이지 않지만 우리 마음속에서만 느낄 수 있는 소중한 가치이다. 어린 왕자는 우리가 일상에서 간과하기 쉬운 것들의 중요성을 다시 한 번 생각하게 한다.

깊이 보고 넓게 읽기

심화활동	• 어린 왕자가 방문한 각 행성의 사람들은 어린 왕자와 어떻게 다른지 정리해 본다. • 길들인 것에 대해 책임져야 한다는 말의 의미에 대해서 친구들과 토의해 본다. • 진정한 우정이나 행복을 찾기 위한 방법에는 무엇이 있을지 생각해 본다.
함께 읽기	• 시간을 파는 상점 (김선영, 자음과 모음) • 손도끼 (게리 폴슨, 사계절) • 무채색 삶이라고 생각했지만 (김동식, 요다) • 두근두근 내 인생 (김애란, 창비) • 창가의 토토 (구로야나기 테츠코, 김영사)

08 시간을 파는 상점

김선영 | 자음과모음 | 2012

도서 분야 문학 > 한국 소설   **관련 과목** 국어, 도덕, 과학

시간의 흔적은 우리 마음 속에 남는다

《시간을 파는 상점》은 시간을 사고판다는 독특한 설정을 통해 우리에게 시간의 가치와 서로를 배려하는 협업의 중요성을 깨닫게 한다. 등장인물들은 각자의 시간을 거래하며 문제를 해결하고 공동의 목표를 이루기 위해 노력한다. 이 과정에서 나타난 '너를 위한 시간' 개념은 우리 사회에도 적용될 수 있는 중요한 의미가 있다.

고등학교 2학년인 온조는 소방관이었던 아버지가 돌아가시고 어머니와 함께 살고 있다. 어머니를 돕기 위해 다양한 아르바이트를 하며 시간의 가치에 대해 생각한다. 누군가에게 1시간은 40만 원인데, 또 다른 누군가에게 1시간은 4천원이 될 수도 있기 때문이다.

그래서 온조는 시간을 돈으로 바꿀 방법을 고민하고 인터넷에 시간을 파는 '시간 상점'이라는 카페를 연다. 온조의 닉네임은 시간의 신인 크로노스다. 의뢰자가 원하는 일 중에서 자신이 생각했을 때 옳거나 가치 있는 것들이라면 무엇이든 해준다.

제일 처음 의뢰한 사람은 '네곁에'라는 닉네임을 가진 사람이었다. 그는 누군가 훔친 PMP를 주인에게 되돌려 달라고 했다. 도난당했던 물건을 돌려주는 일로, 자칫 잘못하면 온조가 도둑으로 몰릴 수도 있는 상황이었다. 온조는 예전 기억을 떠올렸다. 온조네 학교에서는 다른 친구의 물건을 훔친 친구가 그 사실을 들키자 자살한 사건이 있었다. 선생님이 "내일 보자"며 시간을 유예시키자 그 시간을 견디지 못한 친구가 학교 옥상에서 떨어져 죽은 것이다.

온조는 훔친 PMP를 다시 훔쳐서 되돌려 놓으면 또 다른 자살을 막을 수 있지 않을까 생각하며 의뢰를 맡기로 한다. PMP를 돌려주는 과정에서 위험한 일들이 생길 뻔했지만 지혜를 발휘해 슬기롭게 해결한다.

'강토'라는 닉네임의 사람은 온조에게 어떤 할아버지와 레스토랑에서 '맛있게' 식사를 해달라고 의뢰한다. 온조는 호수가 보이는 레스토랑 2층 창가에 앉은 할아버지에게 자신이 강토의 친구이며 강토 대신 식사하러 나왔다고 말한다. 할아버지는 아쉬운 표정을 지었으나 온조와 점심을 먹으며 대화를 나눈다.

강토의 가족은 강토가 중학교 때 미국에 갔는데, 그 비용을 할아버지가 다 지원했다고 한다. 그러나 할머니가 돌아가셨을 때 강토의 아버지는 찾아오지 않았다. 박사학위까지 따는 동안 유학비를 지원했던 할아버지는 배신감을 느껴 강토의 아버지를 고소했다. 온조와 할아버지가 시간을 보내는 동안 강토는 할아버지와 간접 소통했고, 상처도 아물었다. 할아버지는 온조에게 두 달 후 강토와 함께 나오라는 말과 함께 자리를 뜬다.

온조는 받은 의뢰를 모두 성공적으로 마무리한다. 이런 일들을 하면서 시간의 의미와 그것이 우리 삶에 어떻게 작용하는지에 대해 깊이 고민한다. 중학교 1학년 때 갑자기 세상을 떠난 소방관 아빠도 생각나고, 아빠를 떠나보낼 때 힘들었던 엄마와 온조 자신, 그리고 할머니도 생각한다.

온조는 사랑하는 이를 붙잡아 두고 싶어도 붙잡지 못하고 떠나보내야 하는 시간의 잔인함과 슬픔에 대해 생각한다. 하지만 시간이란 도마뱀과 같아서 도마뱀의 몸뚱이는 어느 순간 사라지지만 도마뱀의 꼬리와 같은 기억의 흔적은 우리 손바닥에 남는다는 것도 깨닫는다.

──────── 시간의 가치 ────────

　시간은 단순한 자원이 아니다. 삶의 질과 행복에 큰 영향을 미치는 중요한 요소이다. 부자도, 가난한 사람도 하루 24시간밖에 사용할 수 없지만, 모든 사람에게 시간의 가치가 같을까? 그렇지는 않다. 시간을 가치 있게 사용하는 사람도 있지만 그렇지 않은 사람도 있기 때문이다. 한정된 시간을 어떻게 사용하느냐에 따라 우리 삶은 크게 달라질 수 있다.

　무엇이 중요한지 우선순위를 정해 시간을 의미 있게 사용해야 한다. 미래를 걱정하거나 과거에 대해 후회하기보다 지금 이 순간을 소중히 여기는 것이 필요하다. 시간의 가치를 인식하고 현명하게 사용하는 것이 시간을 가장 가치 있게 활용하는 방법이 될 수 있다.

──────── 시간의 양면성 ────────

　시간은 흐른다. 지구가 멸망해도 흐르며 다시는 돌아오지 않는다. 그러나 시간은 단순히 흘러가는 것이 아니다. 도마뱀이 도망가도 도마뱀의 꼬리는 남는 것처럼 시간의 흐름은 자신 안에 켜켜이 쌓인다. 절대적이고 물리적인 시간이 우리에게 치유 효과를 발휘하는 의미 있는 시간이 될 수 있는 것은 바로 이런 이유에서다.

　PMP를 훔친 학생에게 '내일'이라는 시간은 객관적인 시간보다 길게 느껴졌을 것이다. 가족과 마음을 닫은 강토의 시간도 누구보다 느리게 흘렀을 것이다. 이 시간들은 우리가 알고 있는 객관적인 시간의 흐름과 무관하다. 주어진 시간을 의미 있는 시간으로 채우는 것은 각자의 몫이다.

시간을 직접 사고팔 수는 없지만 서로의 시간을 이해하고 존중하는 방식으로 유사한 효과를 얻을 수 있다. 한 사람이 다른 사람을 위해 시간을 투자하고, 그로 인해 모든 사람이 이득을 본다면 이 과정이 곧 '나를 위한 시간'이 될 수 있다. 이러한 공동체 의식은 사회 전반에 긍정적인 영향을 미친다. 사람들이 서로 배려하고 자신의 시간을 다른 사람과 나누려고 노력한다면 사회는 더욱 따뜻하고 협력적인 분위기로 변할 것이다.

깊이 보고 넓게 읽기

심화활동

- 시간을 파는 상점이 있다면 어떤 의뢰를 하고 싶은지, 이유와 함께 얘기해 본다.
- 삶이 24시라면 지금은 몇 시이며, 시간을 어떻게 의미 있게 쓸 지 생각해 본다.
- 물리적인 시간의 흐름과 심리적인 시간의 흐름을 비교해 본다.

함께 읽기

- 이상을 읽다 (전국국어교사모임, 휴머니스트)
- 현진건을 읽다 (전국국어교사모임, 휴머니스트)
- 채만식을 읽다 (전국국어교사모임, 휴머니스트)
- 김유정 (이상, 스피리투스)
- 방학 (최설, 마시멜로)

09 책상은 책상이다

페터 빅셀 | 위즈덤하우스 | 2018

도서 분야 문학 > 외국 소설   **관련 과목** 국어, 도덕

책상은 꼭 책상이어야 할까?

인간은 사회적 동물로, 다른 사람들과의 소통과 관계를 통해 존재의 의미를 찾는다. 고립되면 나약해질 수 있다. 혼자 보내는 시간도 필요하지만, 정도가 지나치면 문제가 발생한다. 어떤 나이 많은 한 남자의 이야기를 보자. 그는 한마디도 하지 않고 아주 지친 얼굴을 했다. 너무 지쳐서 웃지도 못하고 또 화를 내기에도 너무나 지쳐버렸다.

그는 작은 도시에서 평범하게 살고 있었다. 회색 모자, 회색 바지, 회색 잠바를 걸친 그는, 다른 사람들과 구분되는 점이 거의 없었다. 그는 아마 결혼을 했을 것이고 자식도 있을 것이다. 그의 방에는 의자가 두 개, 책상이 하나, 양탄자와 한 개의 침대, 한 개의 장롱이 있었다. 조그만 테이블 위에는 자명종이 놓여 있었으며, 그 옆에는 낡은 신문 쪼가리들과 사진첩이 놓여 있었고, 벽에는 거울과 그림이 한 점 걸려 있었다.

그 늙은 남자는 아침에 한 번, 오후에 한 번씩 산책하고 이웃을 만나면 몇 마디 이야기를 나누고, 저녁이면 책상에 앉는, 언제나 똑같은 일상을 살고 있었다. 매일매일 변화 없이 반복되는 일상이 지겨워진 그는 무언가 달라지기를 원했다.

어느 날 특별한 날이 찾아왔다. 햇빛이 비치고 너무 덥지도 춥지도 않은 날이었다. 새들이 지저귀고 사람들은 친절했고, 아이들은 즐겁게 뛰놀았다. 다른 날과 달랐던 점은, 갑자기 모든 것이 남자의 마음에 들었다는 것이다. 남자는 이제 모든 게 달라질 것 같았다. 미소를 지었다. 그러나 방 안의 아무것도 달라지지 않았다. 그는 매우 분노했다.

남자는 새로운 시도를 한다. 이제부터 모든 것이 달라질 것이고, 달라져야 한다고 결심했다. 그러면서 누구나 똑같이 부르기로 약속한 이름들을 왜 그렇게 불러야 하는지 의문을 갖는다. 프랑스 사람들은 침대를 '리'라고 부르고, 책상을 '타블'이라고 부르며, 그림을 '타블로', 의자를 '셰에스'라고 부르고, 중국인들은 그들끼리 대화가 통한다는 생각을 한다. 그는 모든 이름을 바꾸기로 한다. 침대는 그림으로, 책상은 양탄자로, 의자는 자명종으로, 신문을 침대로, 거울은 의자로, 자명종을 사진첩으로, 장롱을 신문으로, 양탄자를 장롱으로.

남자는 모든 물건의 이름을 바꾼다. 남자는 파란 공책을 새로 사서 새 단어를 적고 바뀐 이름을 암기하고 연습하는 데 자신의 모든 시간을 다 바쳤다. 그리고 새롭게 바꾼 이름으로 물건들을 부르기 시작한다. 그래서 이제는 사람들이 그 물건을 뭐라고 부르는지 한참을 생각해야 했다. 그는 그 일이 즐거웠기에 점점 행복해졌다.

어느 날 남자는 사진 속에 누워 있다가 외출을 위해 의자에서 옷을 꺼냈다. 벽에 걸린 책상을 보고 시계 위에 앉았다. 그는 이렇게 물건마다 새로운 이름을 붙이고 그 새로운 이름을 익히면서 혼자만이 알고 있는 언어를 사용했다.

시간이 흘렀다. 남자는 다른 사람의 이야기를 듣고 있으면 웃음이 쏟아졌다. 그 이유는 사람들이 사용하고 있는 단어의 뜻과 자신이 사용하고 있는 단어의 뜻이 너무 달라 이상하게 들렸기 때문이다. 남자는 사람들의 대화를 듣고 계속 웃었다.

남자는 다른 사람들이 하는 말을 이해하지 못했다. 그건 그래도 괜찮았다. 그보다 더 심각한 문제가 있었기 때문이다. 그것은 바로 사람들이 더 이상 그 남자의 말을 이해할 수 없게 된 것이다. 그래서 그 남자는 그때부터 아무 말도 하지 않았다. 그는 점점 침묵했고, 자기 자신하고만 이야기했다. 이제는 다른 사람들과 더 이상 인사조차도 할 수 없게 되었다. 이 이야기는 슬프게 시작됐고, 슬프게 끝이 난다.

──────── 언어의 자의성과 사회성 ────────

《책상은 책상이다》에서 늙은 남자가 사물에 새로운 이름을 붙인 것처럼 사물에 이름을 붙일 때 어떤 사물을 반드시 특정한 이름으로 불러야 한다는 규칙은 존재하지 않는다. 같은 대상을 두고도 나라마다 다르게 부르는 것은 언어의 내용과 형식 사이에 필연적인 연관성이 없다는 의미다. 특정 사물에 대한 명칭은 문화적, 사회적 맥락에 따라 달라질 수 있으며, 이는 언어가 고정된 것이 아니라 유동적이라는 의미다. 이걸 언어의 자의성이라고 한다.

한편 아무리 사물에 이름을 붙일 때 내용과 형식 사이에 필연적인 연관성이 없다고 하더라도 같은 언어를 사용하는 사람들끼리는 같은 말로 의견을 주고받는다. 즉, 같은 언어를 사용하는 사람들 사이에는 언어에 대한 약속이 존재한다. 그것이 언어의 사회성이다. 언어는 그 말을 사용하는 사람들 사이의 사회적 약속이다. 개인이 마음대로 바꿀 수 없다.

《책상은 책상이다》는 사회적 소통의 중요성을 잘 보여준다. 늙은 남자는 사물의 이름을 자신이 정한 다른 단어로 바꾼다. 그러나 이러한 행동은 다른 사람들과 소통을 단절시키고, 그는 침묵하며 자신과만 대화하게 된다. 그는 사회에서 고립되고, 타인과의 관계가 단절된다.

이 이야기는 언어의 사회성을 강조하며, 사회적 관계가 단순히 언어에 국한되지 않음을 시사한다. 인간은 자기 자신을 돌아보는 시간도 필요하지만, 동시에 다른 사람들과의 소통을 유지하며 건강한 사회적 관계를 유지해야 한다.

깊이 보고 넓게 읽기

 심화활동	• 사물의 이름을 특징이 드러나도록 바꾸고, 그 이유를 설명한다. • 우리가 흔히 사용하는 단어들이 만들어진 과정에 대한 이야기를 나눠 본다. • 언어가 우리의 인식에 미치는 영향에 대한 글을 써 본다.
 함께 읽기	• 변신 (프란츠 카프카, 아로파) • 마녀의 빵 (오 헨리, 아테나) • 프린들 주세요 (앤드루 클레먼츠, 사계절) • 철학통조림 : 매콤한 맛 (김용규, 주니어김영사) • 내 문장이 그렇게 이상한가요 (김정선, 유유)

10 우아한 거짓말

김려령 | 창비 | 2009

도서 분야 문학 > 한국 소설   **관련 과목** 국어, 도덕

'우아한' 말 한마디의 중요성

청소년 따돌림이나 자살, 친구 문제에 대해 다룬 작품은 많다. 그러나 가해자와 피해자의 시선이 아닌, 인간관계 전체에 대해 이야기하는 작품은 드물다. 《우아한 거짓말》은 이런 문제를 섬세하게 다루었다.

평범한 열네 살 소녀 천지가 털실 목도리에 목을 매 자살하는 사건이 발생한다. 동생 천지의 죽음을 받아들일 수 없던 언니 만지는 동생이 남긴 흔적을 좇기 시작한다. 천지의 죽음을 둘러싼 퍼즐을 맞추는 과정에서 동생의 삶에 대한 가슴 아픈 진실이 조금씩 모습을 드러낸다.

천지의 단짝인 줄 알았던 화연은 친구들과의 관계를 유지하기 위해 천지를 이용했다. 천지는 동생의 죽음의 원인이 자신이 귀여워했던 화연이라는 사실에 분노를 참지 못한다. 화연의 집은 늘 붐비는 중국집이었다. 바쁜 화연의 부모님은 충분히 관심을 표현하지 못했고, 화연은 그 부족함을 천지에게 풀었다. 화연은 자기 생일파티에 천지를 늘 1시간 늦게 초대해 짜장면 한 그릇을 만들어 줬다. 화연에게 천지는 친구라기보다 곁에 두고 마음대로 할 수 있는 사람이었던 것이다.

천지의 가족들은 이러한 천지의 고민을 알아주지 못했다. 천지가 처음으로 엄마에게 MP3를 생일 선물로 갖고 싶다고 요구했던 날, 엄마는 전세금 때문에 당장 사주기 힘들다며 천지의 요구를 미룬다. 평소 요구가 없던 천지가 신경 쓰여 MP3를 사주려고 했지만 천지가 죽은 뒤였다. 천지는 스스로 공고한 담을 쌓고 사는 언니인 만지에게도 기대지 못했다.

천지는 엄마, 만지, 화연, 미라에게 각각 하나씩, 다섯 개의 실 뭉치를 남겼다. 그 실 뭉치를 하나하나 풀어내면 마지막에 그 사람에게 전하는 쪽지가 남는다. 쪽지에는 해당 사람들을 용서하는 천지의 마음이 담겼다.

화연은 스스로를 지키기 위해 천지를 괴롭힌 사실을 부정했고, 반 친구들도 사실을 외면하며 발을 뺐다. 가족에게 아픈 상처를 꺼내지 않고 항상 괜찮다고 거짓말한 천지. 천지의 거짓말을 눈치 채지 못한 가족들. 천지에게 누구라도 손을 내밀어 줬더라면 천지는 그런 선택을 하지 않았을 것이다. 천지가 자살한 이유는 자신이 아니라 주변에 있었던 것이다.

작가는 책 속의 소녀처럼 잔인한 세상을 등지고 싶었던 유혹에 시달렸다고 고백한다. 말 한마디로 천 냥 빚을 갚는다는 말이 있다. 말이란 신기하다. 누군가의 인생을 송두리째 바꿀 수도 있기 때문이다. 자신을 구했던 것은 진심이 담긴 지인의 안부 인사였다고. 상대방을 위하는 척하는 '우아한' 말 한마디가 누군가를 죽음에 이르게도, 벼랑 끝에 선 누군가를 구하기도 한다.

어른이 되어보니, 세상은 생각했던 것처럼 화려하고 근사하지는 않았습니다. 하지만 내게 주어진 생보다 미리 세상을 버렸다면 보지 못했을, 느끼지 못했을, 소소한 기쁨을 품고 있었습니다. 혹시 내 어렸을 적과 같은 아픔을 지금 품고 있는 분이 계시다면, 뜨겁게 말씀드리고 싶습니다. 어떠한 일이 있어도 미리 생을 내려놓지 말라고, 생명 다할 때까지 살라고, 그리고 진심을 담아 안부를 묻습니다. "잘 지내고 계시지요?"
(작가의 말)

───────── 인간관계에서 중요한 소통 ─────────

천지와 그녀의 가족, 친구들 간 소통 부족은 비극적인 결과로 이어진다. 천지는 자신의 고통을 표현하지 못했고, 주변 사람들은 천지의 진정한 감정을 이해하지 못했다. 소통이 부족하면 오해와 갈등이 쌓이고 서로를 더욱 멀어지게 만든다. 그로 인해 상처를 주고받을 수도 있다.

《우아한 거짓말》은 독자에게 소통의 중요성을 일깨워 준다. 서로 마음을 열고 진솔하게 대화하는 것이 얼마나 귀중한지를 깨닫게 하며, 이는 건강한 인간관계를 형성하는 기초가 된다. 소통은 우리가 서로를 이해하고 지지하며, 함께 성장하는 데 필수적인 요소다.

───────── 자신을 표현하는 용기 ─────────

천지는 자신의 어려움을 이야기하지 못하고, 치명적인 선택을 한다. 자신의 감정을 표현하지 못했을 때 발생할 수 있는 비극적인 결과를 상징적으로 보여주는 것이다. 믿을 수 있는 사람들과 감정을 나누는 것만으로도 큰 도움이 된다. 주변에 고민을 털어놓는 과정에서 심리적인 지지를 받을 수 있으며, 혼자가 아니라는 안도감을 느낄 수 있다.

우리는 다양한 이유로 자신의 감정을 숨기고, 내면의 고통을 외면하려는 경향이 있다. 사회적 압박, 친구 관계의 복잡성 등이 이러한 경향을 부추긴다. 하지만 감정을 솔직하게 드러내는 것은 정서적 건강을 유지하는 데 필수적이다. 감정을 숨기고 혼자서 해결하려고 하면 오히려 고립감이 커지고 우울감이나 불안으로 이어질 수 있다.

　화연을 보면서 진정한 친구의 조건을 고민해볼 수 있다. 진정한 친구란 서로를 지지하고 이해하며, 이기적인 행동을 하지 않는 사람을 의미한다. 이기적인 행동은 친구 간의 신뢰를 무너뜨리고, 관계를 손상시킬 수 있다. 진정한 친구는 서로의 감정을 이해하고 존중한다. 어려움을 겪고 있을 때, 아픔을 공감하고 지지해 준다.

　진정한 친구는 서로의 장점을 인정하고, 발전할 수 있도록 격려한다. 친구가 꿈을 이루고자 노력할 때, 응원하며 성장을 돕는다. 인생에서 누구나 힘든 시간을 겪는데, 그때 곁에 있어 준 친구는 큰 힘이 된다. 진정으로 나를 이해해 주는 친구가 있다는 사실은 큰 위안이다.

깊이 보고 넓게 읽기

심화활동	• 감정을 기록하고 그 감정의 원인과 대처 방법에 대한 일기를 써 본다. • 소통의 중요성을 주제로 토론해 본다. • 다양한 감정 표현 카드를 만들어, 친구들과 감정을 공유하고 소통해 본다.
함께 읽기	• 체리새우 : 비밀글입니다 (황영미, 문학동네) • 굴의 맛 (조남주, 문학동네) • 네임스티커 (황보나, 문학동네) • 분실물이 돌아왔습니다 (김혜정, 오리지널스) • 셰이커 (이희영, 래빗홀)

이금이 | 밤티 | 2021

도서 분야 문학 > 한국 소설   관련 과목 국어, 도덕

다른 사람의 아픔을 이해하는 일

사람들은 누구나 저마다의 아픔을 갖고 있다. 그리고 상처에 대응하는 방식 또한 모두 다르다. 어떤 사람은 소리 지르며 울고 어떤 사람은 마음을 닫아 버리기도 한다. 어떤 사람은 상처를 숨기고 어떻게든 혼자 극복해 내려 한다. 어떤 방법도 아픔을 극복하기에 좋은 방법은 아니다.

그보다는 아픔을 함께 나누고 상대의 아픔을 그대로 이해해 주며, 서로에게 버팀목이 되는 것이 진정한 치유의 시작일 것이다. 《너도 하늘말나리야》의 주인공 미르, 바우, 소희처럼 다른 사람의 아픔을 들여다보고 그것을 이해하며 자신의 상처를 치유하는 과정에서 성장한다.

열세 살 미르는 부모님이 이혼한 뒤 엄마와 함께 달밭마을로 이사를 온다. 엄마가 달밭마을 진료소 소장을 맡게 되자 진료소 안에서 살게 된 것이다. 미르는 갑작스러운 부모의 이혼에 큰 충격을 받은 데다 이혼을 요구한 쪽이 엄마라는 사실을 알고 엄마를 원망한다. 아빠를 좋아하고 서울도 떠나기 싫었던 미르는 사사건건 엄마에게 퉁명스럽게 군다.

그러던 어느 날, 미르는 진료소에 온 소희를 만난다. 할머니와 둘이 살고 있는 소희는 할머니 병시중을 들며 살림도 하고 학교에도 다닌다. 어렸을 때 교통사고로 아빠를 잃었고 엄마는 재혼했다. 소희는 부모 없어도 반듯하게 자란 아이, 철든 아이, 모범생이다. 작가가 되어 할머니 가슴속 이야기를 다 써주겠다는 꿈이 있지만 할머니가 아픈 뒤부터 혼자 남겨질 것이 두려워 어른들이 좋아하는 아이의 틀에 맞춰 살고 있다.

소희를 처음으로 진료소에서 본 날, 느티나무에 기대어 있다가 큰길로 나온 미르는 30분 걸리는 학교까지 걷다가 자전거를 타고 가는 바우와 마주친다. 짧은 순간이었지만 마을 회장님이라던 아저씨와 전혀 닮지 않은 모습이 이름과도 어울리지 않는다고 생각한다. 바우도 미르를 보고 진료소 소장님의 딸일 것이라 짐작한다. 바우는 미르가 자신과 비슷한 처지 같아 동질감을 느낀다. 바우는 엄마가 암으로 돌아가신 뒤 충격으로 말을 하지 않는 '선택적 함구증'이라는 병을 앓고 있다. 점점 안정을 찾으며 아빠, 소희, 소희 할머니에게만 조금씩 말한다.

바우는 미르를 위해 직접 만든 강아지 집을 주려고 소희와 함께 진료소를 찾아간다. 바우의 질문에는 줄곧 소희가 답한다. 바우의 병을 모르는 미르는 바우 대신 소희가 대답하자 소희를 나서기 좋아하는 성격이라 단정 짓는다. 어른스러운 것도 은근히 재수 없게 여긴다. 미르는 어떤 것에도 마음 주지 않을 거라 결심하고 소희와 바우에게 곁을 내주지 않는다.

한편 소희는 미르가 두고 간 다이어리를 보고 전해 주려고 따라간다. 그러다 미르가 누군가와 통화하다 창백한 얼굴로 털썩 주저앉는 모습을 본다. 때마침 자전거를 타고 지나가던 바우와 함께 미르를 작은 정자로 데리고 간다. 한참 울고 난 미르는 아빠가 다른 여자와 결혼한다며 아빠에 대한 원망과 서운한 마음을 털어놓는다. 그 후 세 사람은 친해진다.

바우네 집에도 변화가 생겼다. 아빠 차에 있던 장미 꽃바구니가 엄마 산소가 아니라 미르네 진료소에 있었다. 충격 받은 바우는 소희에게 고민을 털어놓는다. 소희는 부모님과 함께한 추억이 없어서 부모님에 대한 그리움이나 원망도 없다는 말을 한다. 바우는 그동안 자기 아픔에만 갇혀 소희 마음은 헤아리지 못했음을 깨닫는다.

소희네 할머니가 돌아가시자 소희는 어른들을 위해 작은집으로 간다. 미르는 소희의 외롭고 쓸쓸한 뒷모습을 보며 그동안 생각 없이 한 말로 누군가에게 상처 주지 않았는지를 돌아본다. 미르는 달밭마을에서 처음으로 좋아한 친구가 소희였다며 가죽 다이어리를 선물한다. 소희가 떠나던 날 바우는 하늘말나리 그림을 준다. 그림 한쪽에는 '하늘말나리, 소희를 닮은 꽃, 자신을 사랑할 줄 아는 꽃'이라 쓰여 있다. 차가 출발하는 순간 소희는 미르와 바우를 향해 "너희들도 하늘말나리야"라고 소리친다.

하늘말나리 꽃의 의미

하늘말나리는 백합과의 여러해살이풀이다. 말나리처럼 잎이 돌려나면서 꽃이 하늘을 향하고 있어서 하늘말나리라고 부른다. 대부분의 나리는 땅을 보고 성장하는데, 하늘말나리는 하늘을 바라보며 자란다. 마치 그 모습은 하늘을 향해 간절히 소원을 비는 것같이 보인다.

그런 하늘말나리의 모습은 힘들지만 꿋꿋하게 살아가는 소희를 닮았다. 물론 모든 아이들이 꿈과 희망을 가지고 하늘을 보며 당당히 살아가기를 바라는 작가의 마음이 담겼다.

세 명의 사춘기 공동체의 영향

심리적 변화가 심한 사춘기 시기엔 또래집단과의 상호작용이 삶의 만족도를 크게 좌우한다. 달밭마을의 세 아이는 가족 중 한 명을 잃었다는 공통분모가 있다. 미르는 부모님 이혼으로 마음의 문을 닫는다. 바우는 어려서 엄마를 잃고 '선택적 함구증'에 걸렸다. 소희는 부모 없이 아픈 할머니를 돌보며 혼자가 될까봐 두려워한다. 비슷한 아픔을 공유한 아이들끼리 심리적 동질감을 느끼며 함께한다.

아이들 각자가 느낀 심리적 굴곡은 서로 영향을 주고받으며 아이들을 내적으로 성장시킨다. 바우는 주변이 아무리 어수선해도 자신을 흐트러뜨리지 않고 당당하며 알차게 자기 자신을 꾸려 나가는 소희의 모습이 하늘말나리를 닮았다고 한다. 소희는 미르와 바우에게 "너희들도 하늘말나리야"라고 한다. 세 아이 모두 하늘말나리처럼 내면을 단단하게 다지며 성장해간다.

 깊이 보고 넓게 읽기

🎓 **심화활동**	• 미르, 바우, 소희 중에서 가장 공감되는 인물을 고르고, 그 이유를 정리한다. • 나에게 가족은 어떤 의미이고, 왜 그런지 이유를 떠올려 본다. • 미르, 바우, 소희가 어른이 되면 어떤 모습일지 상상한다.
🙂🙂 **함께 읽기**	• 소희의 방 (이금이, 밤티) • 숨은 길 찾기 (이금이, 밤티) • 괭이부리말 아이들 (김중미, 창비) • 초정리 편지 (배유안, 창비) • 긴긴밤 (루리, 문학동네)

12 토끼전

장재화 | 휴머니스트 | 2014

도서 분야 문학 > 한국 소설   **관련 과목** 국어, 역사, 도덕

나의 목숨이 소중한 만큼 다른 이의 목숨도 소중하다

동물이나 식물 등이 주인공이 되어 인간의 삶을 풍자하는 소설을 우화 소설이라고 한다. 오래전부터 입에서 입으로 전해지면서 다양한 형태로 존재한다. 겉으로는 동물을 내세우지만 그 속에는 사람들 사이의 문제를 다룬다. 《토끼전》도 동물을 의인화해 인간 세상을 풍자한 우화소설이다. 누가 썼는지, 언제 쓰였는지 정확하지 않지만, 《삼국유사》 김유신전의 귀 토 설화를 기본으로 한다. 어떤 식으로 세상을 풍자하는지 함께 살펴보자.

남해 용왕이 병을 얻어 자신의 병을 낫게 할 약을 백방으로 찾았다. 하 지만 효험이 있는 약은 없고 용왕의 병세는 날이 갈수록 심해진다. 어느 날, 한 도사가 나타나 용왕의 병에 토끼의 간이 특효약임을 알려준다. 용 왕은 육지로 나가 토끼를 잡아 올 신하를 찾는다. 별주부(자라)가 나서며 자기가 토끼를 잡아 올 것이라 아뢰자, 용왕이 크게 기뻐하며 그의 충성 심을 칭찬한다. 별주부는 화공(화가)이 그려준 토끼 그림을 가지고 토끼 를 찾아 육지로 올라간다.

별주부는 육지에 올라가서 토끼를 만난다. 토끼를 '토생원'이라 부르 며 깍듯이 대접한다. 토끼에게 아름다운 용궁의 경치와 풍성한 먹을거리 를 자랑한다. 용왕이 지혜로운 새 신하를 찾고 있다며 자기와 함께 용궁 으로 가자고 토끼를 꼬드긴다. 그러나 토끼는 한 번도 가 본 적 없고 아는 사람도 없는 용궁에 가기가 꺼려져 망설인다.

의심 많고 허풍스러운 토끼를 어떻게 꼬드길까 생각하던 별주부는 아 무리 좋은 것을 보여줘도 보이지 않으면 그뿐이라며 혼자 용궁으로 돌아 가겠다고 한다. 마음이 급해진 토끼는 별주부를 불러 세우며 함께 용궁 에 가겠다고 한다. 토끼는 아내와 작별 인사도 하지 않고 용궁으로 간다.

하지만 용궁에 도착하자마자 자기 배를 가르려는 용왕을 보고 놀란 토끼는 어떻게든 살아서 육지로 돌아갈 궁리를 한다.

토끼는 자신의 간이 필요하다고 미리 이야기해 주었으면 간을 가지고 왔을 텐데, 별주부가 이야기해 주지 않아 급하게 오느라 육지에 간을 놓고 왔다고 거짓말한다. 용왕이 세상에 간을 넣었다 뺐다 하는 짐승이 어디 있냐며 호통을 친다. 그러자 토끼는 배의 구멍을 보여주며 이곳이 간을 넣었다 뺐다 하는 곳이라고 설명한다. 만약 배를 갈라서 간이 나오지 않으면 헛수고가 될 것이고, 다른 토끼를 다시 구해오기 힘들 것이라며 자신을 육지로 돌려보내 주면 자신의 간도 가져오고 소나무에 걸려 있는 다른 토끼의 간도 갖고 오겠다고 약속한다.

이에 귀가 솔깃해진 용왕은 성대한 잔치를 열어준 후 육지로 가라고 한다. 별주부와 자가사리 등이 간언하지만 토끼의 꾀에 넘어간 용왕은 이들의 말을 듣지 않는다. 토끼는 용왕의 배려로 용궁 구경도 하고 맛있는 것도 먹은 후 자라와 함께 육지로 올라온다.

육지로 올라온 토끼는 바다가 보이지 않는 높은 언덕까지 올라간다. 언덕에 올라 간 토끼는 춤을 추며 기뻐한다. 별주부는 토끼에게 춤을 그만 추고 얼른 가서 간을 가지고 오라고 다그친다. 그 말을 들은 토끼는 별주부를 비웃으며 세상에 간을 넣었다 꺼냈다 하는 짐승이 어디 있냐고 말하고 약을 올리고 도망가 버린다.

별주부는 토끼에게 속은 것을 알고 분한 나머지 바위에 머리를 부딪쳐 죽으려고 한다. 그때 어디선가 화타가 나타난다. 화타는 별주부에게 용왕의 병을 낫게 할 약을 준다. 별주부는 화타가 준 약을 가지고 용궁으로 돌아간다. 용왕은 자라가 가지고 온 약을 먹고 병이 낫는다.

내용 이해 개념 쏙쏙

─────── 판소리계 소설에 대해 ───────

판소리는 우리 고유의 민속음악으로 노래를 부르는 창자가 박자를 맞추는 고수의 북장단에 맞춰서 대사를 하는 소리와 노래로 부르는 아니리, 동작인 발림을 곁들여 구연하는 우리나라 고유의 민속 노래이다. 판소리는 기승전결의 구조를 가지고 있다. 판소리계 소설은 조선 후기에 판소리가 유행하면서 소리로 전하는 이야기를 바탕으로 쓰게 된 소설로 판소리가 소설이 된 것이라 보면 된다.

판소리계 소설에는 《토끼전》뿐 아니라 《춘향전》, 《심청전》, 《흥부전》 등이 있다. 판소리계 소설은 신소설 작가들에 의해서 《옥중화》, 《강상련》, 《연의각》 등으로 새롭게 쓰여 변화된 사회의 모습을 담기도 했다.

─────── 누가 주인공인가에 따라 달라지는 입장 ───────

이 작품은 토끼가 주인공인 《토끼전》이다. 그래서 토끼 입장에서 토끼의 처지가 잘 드러난다. 토끼 입장에서 자신의 목숨을 빼앗으려고 하는 용왕이나 별주부는 그리 긍정적인 인물이 아니다. 하지만 같은 작품이지만 토끼가 아닌 별주부의 입장에서 다루는 이야기도 있다. 그 경우 제목은 《토끼전》이 아닌 《별주부전》이다.

《별주부전》과 《토끼전》은 전체적인 내용은 거의 같다. 하지만 토끼가 아니라 별주부 입장에서 이야기를 하고 있기 때문에 토끼는 보다 간사하게, 용왕은 보다 어리석게, 별주부는 주인공답게 보다 충성스러운 신하로 그려진다. 같은 작품이라 하더라도 토끼의 입장이냐 별주부의 입장이냐에 따라 《토끼전》과 《별주부전》으로 나누어지는 것이다. 이렇게 전체 줄거리는 비슷하지만 세부적인 내용이 다른 것을 이본이라고 부른다.

 깊이 보고 넓게 읽기

심화활동	• 토끼전의 이본마다 다른 결말이 존재한다. 이 토끼전의 결말을 다르게 바꾸어 쓴다. • 나의 목숨을 살리기 위해 다른 이의 목숨을 빼앗는 것이 정당한지 토론한다. • 토끼전의 이야기를 현대 사회와 연결시켰을 때, 얻을 수 있는 교훈을 정리한다.
😊😊 **함께 읽기**	• 심청전 (정출헌, 휴머니스트) • 춘향전 (조현설, 휴머니스트) • 흥부전 (신동흔, 휴머니스트) • 신화의 숲 (김헌, 포레스트북스) • 마당을 나온 암탉 (황선미, 사계절)

앤드루 클레먼츠 | 사계절 | 2001

도서 분야 문학 > 한국 소설   관련 과목 국어, 사회

'연필'을 꼭 '연필'이라고 불러야 할까?

SNS가 발달하면서 엄청난 양의 신조어가 만들어지고 있다. 어떤 것은 생명을 얻어 오랜 기간 사용되고, 어떤 것은 금세 사라진다.

신조어를 사용할 때는 그것이 미칠 영향을 생각하고 책임감 있는 언어 생활을 하는 것이 필요하다. 《프린들 주세요》를 통해 왜 신중하게 언어 생활을 해야 하는지 되새길 수 있다.

링컨초등학교에 다니는 닉은 엉뚱하면서도 기발해 학생들에게 인기가 많다. 자신의 능력을 어떻게 사용하면 좋을지를 알고 있는 똑똑한 아이다. 추운 2월에 교실을 열대 섬으로 꾸며 학급 친구들에게 여름을 맛보게 하고, 수업 시간에 새소리를 흉내 내며 1년 내내 선생님을 놀리기도 한다.

그러다 학년이 바뀌고 닉은 사전을 활용해 철저히 낱말 공부를 시키는 엄격한 그레인저 선생님을 만난다. 닉은 첫 시간부터 질문으로 숙제를 피하려고 꾀를 썼으나 오히려 발표 과제를 받고, 발표하면서도 시간 끌기 작전을 펴지만 자신의 뜻대로 되지 않는다.

어느 날 그레인저 선생님께 단어라는 것은 그 사회에 사는 사람들이 부르기로 약속한 것이란 말을 듣고, '펜'을 자신만의 단어인 '프린들'로 바꾸어 부른다. 친구들에게도 '프린들'이라고 쓰라고 한다. 여섯 명의 비밀 요원은 펜이라는 말 대신 프린들이라는 말을 쓸 것이며 다른 사람들도 그렇게 하도록 최선을 다하겠다는 맹세를 한다. 사전을 법처럼 숭배하는 그레인저 선생님에 대한 반항으로 낱말 전쟁을 시작한 것이다.

처음에는 선생님을 골려주기 위해 몇몇 친구들과 쓰기로 한 말이 차츰 주위 친구들에게 퍼져 친구들도 그 말을 사용하기 시작한다. 결국 5학년 전체가 펜을 '프린들'이라고 쓰는 것에 합류하면서 단체로 벌을 받기도 한다. 다른 학년 학생들까지 펜을 프린들이라고 부르기 시작하자 교장 선생님이 닉의 집에 찾아오기도 한다. 그레인저 선생님은 닉을 불러 일이 모두 끝난 뒤 편지를 보내겠다며 닉에게 편지봉투에 서명하라고 한다.

지방 신문인 '웨스트필드 가제트' 1면에, 펜이 '프린들'로 불린다는 특종이 났다. 그 덕분에 '프린들'은 유행어가 됐다. 중학생, 고등학생까지 프린들이라는 말을 사용하며 좋아한다. 결국 '프린들'이라는 말은 텔레비전에까지 나와 전국에서 유행한다.

이 말이 인기를 얻자 닉이 사는 마을의 성공한 사업가 버드는 '프린들'이라는 이름으로 상표권을 등록한다. 버드는 닉의 아빠와 이익의 30%를 나누겠다는 계약을 맺는다. 버드는 '프린들'이라는 볼펜과 셔츠, 선글라스, 학용품 등을 팔아 번 돈의 일부를 닉의 계좌에 넣어 준다. 프린들 소동으로 닉은 유명 인사가 됐지만 오히려 소동 이전과 다르게 조용하고 조심성 많은 아이로 변해갔다.

닉이 대학교 3학년이 되었을 때 한 통의 소포가 왔다. 그 소포 안에는 프린들이라는 낱말이 들어간 사전이 있었다. 사전에는 '프린들[명] 잉크로 글씨를 쓰거나 표시를 하는 데 쓰이는 도구(임의로 만든 신조어 : 1987년 미국의 니콜라스 앨런이 처음 쓴 말 – (참고)펜'라고 기록돼 있었다. 10년 뒤 '프린들'이라는 단어가 사전에 기록된 것이다.

소포 안에는 10년 전 닉이 서명한 편지도 함께 있었다. 편지를 읽은 닉은 그레인저 선생님의 진심을 깨닫는다. 오래 전부터 그레인저 선생님은 닉의 아이디어를 인정하고 닉의 아이디어가 열매를 맺도록 몰래 도우며 응원했던 것이다. 닉은 선생님의 배려에 감동 받아 '그레인저 장학 재단'

을 설립했다. 그리고 그레인저 선생님 이름으로 장학금을 기부한다.

내용 이해 개념 쏙쏙 🎯

———— **언어의 사회성** ————

《책상은 책상이다》와 함께 언어의 특성을 설명할 때 반드시 언급되는 작품이 《프린들 주세요》이다. 그레인저 선생님은 글을 쓰기 위해 깃털에 잉크를 묻혀 사용하던 것에서 유래된 필기구를 '펜'이라고 하기로 했다고 한다. 하지만 닉은 그레인저 선생님을 골탕 먹이려고 친구들과 함께 펜을 '프린들'로 바꾸어 부르기로 한다. 닉과 친구들이 사용하던 '프린들'이라는 말은 곧 많은 사람에게 퍼져 사람들은 펜을 '프린들'이라고 부른다.

이것이 언어의 사회성이다. 어떤 언어가 많은 사람에게 인정받고 사용되면 생명력을 얻는다. 대중에게 일정 기간 사용되면 사전에 실린다. 그러나 《책상은 책상이다》의 늙은 남자가 썼던 언어처럼 바뀐 언어가 널리 사용되지 않으면 그 말은 생명력을 갖지 못한다.

———— **언어의 역사성** ————

'프린들'이라는 단어가 펜을 지칭하는 새로운 용어로 사용되기 시작한 것은 언어의 역사성을 잘 보여준다. '프린들'이라는 새로운 단어의 출현은 언어가 어떻게 살아 숨 쉬는지를 나타내는 사례로, 언어가 단순히 대상을 나타내는 기호를 넘어서 사회적 맥락과 문화적 흐름을 반영한다는 점을 드러낸다.

이처럼 언어가 시간에 따라 변화하고 발전하는 과정을 일컬어 언어에는 역사성이 있다고 한다. 단어의 의미 변화, 새로운 단어의 생성, 사용되지 않는 단어의 소멸 등이 모두 여기 포함된다. 언어는 고정된 것이 아니라 사회와 문화의 변화에 따라 끊임없이 진화한다. 과거 존재하지 않았던 기술이나 개념을 설명하기 위해서는 새로운 단어가 필요하며, 이는 자연스럽게 언어에 통합된다.

깊이 보고 넓게 읽기

 심화활동	• '프린들'처럼 요즘 새로 생긴 말을 찾아보고 신조어 사용의 장단점에 대해 토론한다. • 자신만의 새로운 단어를 만들고 그 단어가 어떻게 하면 생명력을 얻을지 생각한다. • SNS에서 사용하는 신조어가 우리 언어생활에 미치는 영향을 조사해 본다.
 함께 읽기	• 책상은 책상이다 (빅터 픽셀, 위즈덤하우스) • 말 안 하기 게임 (앤드루 클레먼츠, 비룡소) • 초정리 편지 (배유안, 창비) • 왜요, 그 말이 어때서요? (김청연, 동녘) • 한글 대표 선수 10+9 (김슬옹, 김응, 창비교육)

14 좀머 씨 이야기

파트리크 쥐스킨트 | 열린책들 | 2020

도서 분야 문학 > 수필   관련 과목 국어

그러니 나를 좀 제발 그냥 놔두시오

성장하는 과정은 아름답지만은 않다. 자전거를 타는 과정도, 피아노를 연습하는 과정도, 첫사랑의 과정도 그 어느 하나 쉬운 것이 없다. 세상에 아름답기만 한 삶은 없다. 삶의 과정은 수채화처럼 아름다울 수도 있고, 온종일 걸어야 할 만큼 고단할 수도 있다. 수채화의 삶과 걷기만 하는 고단한 삶 모두 우리가 살아야 하는 삶이다.

호숫가 마을에 살고 있는 주인공은 자신이 하늘을 날 수 있다고 생각하며, 나무를 잘 타는 소년이다. 이 마을에는 마을 사람이라면 누구나 알지만 누구도 잘 알지 못하는 좀머 씨가 산다. 마을 사람들이 그에 대해 아는 것이라곤 하루 종일 산책을 즐긴다는 것과 그의 부인이 생계를 유지하고 있다는 것, 부부에게 자식도 친척도, 찾아오는 손님도 없다는 것뿐이다.

사람들은 좀머 씨가 밀폐공포증 환자라고 생각한다. 밀폐된 집에 있으면 참지 못하기 때문에 하루 종일 돌아다녔기 때문이다. 좀머 씨는 항상 지팡이와 배낭을 가지고 다녔다. 지팡이는 그에게 제3의 다리였다.

주인공의 아버지는 경마를 좋아했는데, 어느 날 경마장에서 돌아오는 길에 악천후를 만나고, 그 속을 홀로 걸어가는 좀머 씨를 만난다. 주인공의 아버지는 "이러다 죽는다"며 좀머 씨에게 차에 타라고 한다. 하지만 좀머 씨는 "그러니 나를 좀 제발 그냥 놔두시오"라며 지나친다.

한편 주인공은 음악 선생님 풍켈에게 피아노를 배웠는데, 그녀는 예민한 성격의 노처녀였다. 수업을 제대로 따라가지 못하면 물건을 집어 던지고 큰소리로 혼을 냈다. 한번은 수업 시간에 늦고 수업도 따라가지 못해 심하게 혼나고 인격 모독을 당한다. 주인공은 치밀어 오르는 슬픔을 주체하지 못해 나무에서 뛰어내려 죽기로 결심한다. 자신이 죽으면 풍켈

선생님과 아버지, 어머니는 오열하며 잘못을 반성할 것이라고 생각한다. 그때 마침 호숫가에 있던 좀머 씨를 발견한다. 그는 주위를 살피더니 배낭에서 빵과 물을 꺼내 순식간에 먹어치우고 수풀 속으로 사라진다. 예기치 못한 삶의 발버둥을 보자 주인공은 자살할 마음이 싹 가신다.

5~6년의 시간이 흘러 주인공이 16살이 다 될 무렵에도 좀머 씨의 삶엔 큰 변화가 없다. 사람들은 이제 좀머 씨에게 관심을 갖지 않는다. 그즈음 좀머 씨의 아내가 죽고 좀머 씨가 이사 갔다는 사실을 아무도 모른다.

어느 날 자전거를 타고 집으로 돌아가던 주인공은 자전거가 고장 나 호숫가에 잠시 멈춘다. 그곳에서 우연히 호숫가에 있던 좀머 씨를 본다. 그는 조금의 망설임도 없이 한 걸음 한 걸음 호수로 들어간다. 당황한 주인공은 비명조차 지르지 못하고 그저 좀머 씨가 보이지 않을 때까지 서서 지켜보았다.

좀머 씨가 보이지 않자 사람들은 실종신고를 냈다. 아마도 미쳤거나 밀폐공포증 때문에 넓은 호주나 캐나다로 이민 갔을 거라는 추측이 떠돈다. 주인공은 그날 일을 아무에게도 말하지 않았다. 예전 악천후 때 만난 좀머 씨의 말을 기억했기 때문이다. "그러니 나를 좀 제발 그냥 놔두시오."

2차 세계대전의 충격

좀머 씨에 대한 자세한 정보는 없다. 그러나 작가가 좀머 씨처럼 극도로 언론 노출을 싫어했으며, 소설의 배경이 2차 세계대전 직후 독일이라는 것, 그가 1949년 독일 출생인 것을 생각하면 좀머 씨에 대해 유추할 수 있는 것들이 있다.

좀머 씨는 2차 세계대전 당시 유대인 학살에 가담한 독일군이거나 반대로 유대인 박해를 받다가 어렵게 목숨을 보존한 유대인 중 하나일 것이다. 전자가 되었든 후자가 되었든 전쟁은 그에게 큰 충격이었을 것이다. 그 충격에서 벗어나려 그는 걷고 또 걸어도 복잡한 머릿속 생각들을 지울 수 없었을 것이다. 좀머 씨처럼 누군가와 말을 섞지도, 잠시 멈춰 쉴 수도 없었을 것이다.

나를 좀 제발 그냥 놔두시오

아이들은 성장하는 동안 자전거를 잘 못 탈 수도, 피아노를 엉망으로 칠 수도, 첫사랑에 상처받을 수도 있다. 그 경험들은 유쾌한 경험은 아니다. 모든 일에 어른들이 간섭하는 것은 더욱 싫다. 자라는 아이들이 어른들에게 정말 큰 소리로 하고 싶은 말도 "그러니 나를 좀 제발 그냥 놔두시오"가 아닐까? 어른들이 보기에 아직 부족할지라도 말이다. 어른들도 어렸을 때 그랬듯이 아이들은 좌충우돌하면서 어쨌든 뚜벅뚜벅 자신의 길을 닦아 스스로 잘 걸어가게 될 것이다.

《좀머 씨 이야기》에는 두 이야기가 함께 담겨 있다. 가까이서 보면 크고 작은 상처가 있지만 멀리서 보면 수채화처럼 아름다워 보이는 주인공의 이야기와 이유는 알 수 없지만 고통스럽게 온종일 걷는 좀머 씨의 이야기이다. 이를 상징하듯 책의 삽화는 아름다운 수채화로 이루어져 있다.

실패를 거듭한 주인공은 죽기 위해 나무로 올라간다. 그러나 그 순간 일생을 고단하게 산 좀머 씨를 본다. 자신보다 더 힘든 삶을 산 좀머 씨를 보며 그래도 나은 자신의 삶을 살기로 결심한다. 우리들의 삶은 아름다운 수채화로 그려져 있을까, 아니면 온종일 걸어야 하는 고단함으로 채워져 있을까? 어떤 것으로 채워져 있는가는 본인이 어떻게 생각하는가에 달려 있을 것이다.

깊이 보고 넓게 읽기

심화활동	• 다른 사람의 관심이나 격려가 부담스러웠던 경험을 떠올려 본다. • 2차 세계대전에 대해 조사하고 좀머 씨의 삶과 연관성을 생각한다. • 작품 중 한 장면을 선택해 다른 인물의 시각에서 다시 작성해 본다.
함께 읽기	• 얼굴 빨개지는 아이 (장자크 상페, 열린책들) • 나무를 심은 사람 (장 지오노, 두레) • 아홉 살 인생 (위기철, 현북스) • 두려움에게 인사하는 법 (김이윤, 창비) • 맡겨진 소녀 (클레어 키건, 다산책방)

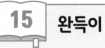

15 완득이

김려령 | 창비 | 2023

도서 분야 문학 > 한국 소설　　　　**관련 과목** 국어, 도덕, 사회

복지 사각지대에 놓인 사람들

《완득이》는 다문화 가정 문제, 이주 노동자 문제 등 우리 사회의 모습을 잘 보여주는 소설이다. 주인공 완득이는 난쟁이인 아버지, 피가 섞이지 않은 지적 장애인 삼촌 민구와 함께 좁은 옥탑방에 사는 고등학교 1학년이다. 공부는 못하지만 싸움은 누구에게도 지지 않는 반항아다.

완득이의 아버지는 카바레에서 춤을 추는데, 카바레가 콜라텍으로 바뀌자 일자리를 잃고 물건들을 팔며 겨우 생활한다. 완득이가 소설을 잘 쓰고 공부도 잘한다는 담임선생님 말을 듣고 완득이가 소설가가 되기를 바란다.

"제발 똥주 좀 죽여주세요. 이번 주 안에 안 죽여주면 나 또 옵니다. 거룩하고 전능하신 하나님 이름으로 기도드리옵니다. 아멘." 완득이는 담임선생님이 다니는 교회에서 담임선생님을 죽여 달라고 기도한다.

담임선생님 동주는 늘 완득이를 괴롭힌다. 완득이는 그런 담임선생님을 '똥주'라고 부르는데 하필 완득이네 맞은편 옥탑방에 살아서 학교에서뿐만 아니라 집에서도 수시로 완득이를 괴롭힌다.

완득이는 '똥주'가 너무 싫다. 기초생활수급자인 자신의 체면을 생각하지 않고 광고하듯 소리치고 가난한 게 쪽팔린 게 아니라 굶어서 죽는 게 쪽팔린 거라는 담임선생님이 빨리 죽었으면 좋겠다고 생각한다.

어느 날 완득이는 똥주를 통해 베트남 출신인 친엄마를 만나게 된다. 엄마는 완득이를 낳고 집을 나갔기 때문에 완득이는 엄마에 대한 기억이 없다. 엄마를 만나도 아무런 감정을 느끼지 못한다. 엄마는 일을 쉬는 날 완득이네 집으로 찾아와 미안한 마음과 그리운 눈빛을 담아 정성껏 만든 반찬을 주고 간다. 몰랐던 엄마에 대한 마음이 애틋함으로 번져나간다.

이후 완득이는 같은 반 우등생 윤하와 가까워진다. 윤하를 보며 마음을 표현하는 방법을 조금씩 알게 된다. 교회에서 알게 된 이주 노동자 핫산의 영향으로 킥복싱에도 빠져든다. 그동안 했던 싸움과 킥복싱의 차이를 깨닫고, 킥복싱을 통해 분노를 표출하는 법을 익힌다. 윤하는 완득이의 매니저를 자처하며 완득이의 운동을 돕는다. 아버지는 완득이가 킥복싱하는 것을 반대하지만 완득이는 킥복싱을 자신의 인생 목표로 삼는다.

완득이의 삶은 달라졌다. 좋아하는 이성친구도 생기고 엄마도 만나고 명확한 목표도 생겼다. 이렇게 되기까지는 담임선생님의 역할이 컸다. 담임선생님은 이주 노동자들을 부려먹는 자신의 아버지를 싫어한다. 이주 노동자들을 돕기 위해 교회를 사고 이주 노동자를 위한 쉼터를 만들기도 한다. 또 완득이 아버지와 민구가 댄스 교습소를 여는 것도 적극 돕는다.

이런 담임선생님 덕분에 완득이는 엄마를 만날 수 있었다. 겉으로는 거칠게 표현하지만 마음속에는 따뜻함을 담은 담임선생님의 진심은 완득이에게 전달된다. 완득이는 마침내 담임선생님의 진심을 깨닫는다. 그리고 평범하지만 단단하고 꽉 찬 하루하루를 꿰어 훗날 근사한 인생 목걸이로 완성할 것이라는 다짐을 하며 끝난다.

— 소외된 사람들을 바라보는 따뜻한 시선 —

《완득이》에는 다양한 소외된 인물들이 등장하지만, 각자 어려움을 극복하며 유쾌한 삶을 살아가는 모습으로 그려진다. 민구 삼촌은 장애인으로 사회의 편견과 맞서며 완득이에게 긍정적인 영향을 미친다. 베트남 출신인 완득이의 엄마는 사랑과 헌신으로 완득이에게 큰 힘을 준다. 또한 킥복싱을 가르쳐 주는 핫산은 이주 노동자로서의 어려움을 겪지만, 자신의 경험을 통해 완득이에게 자신감을 심어준다.

이처럼 소설 속 인물들은 각기 다른 배경과 어려움을 지니고 있지만, 그들 삶은 유머와 따뜻함으로 가득 차 있다. 이들은 서로를 지지하며 힘든 상황 속에서도 함께 웃고, 꿈을 향해 나아간다. 그들의 모습을 그리는 작가의 시선은 따뜻하다. 글을 읽는 독자 역시 그 시선을 통해 소외된 이들을 따뜻한 시선으로 바라보게 된다.

— 우리 사회가 나아가야 할 방향에 대해 —

우리나라는 이미 다문화 사회에 진입했다. 전체 인구의 2퍼센트인 120만 명 이상의 외국인이 우리와 함께 살고 있으며 매년 10퍼센트 내외의 사람이 외국인과의 결혼으로 가정을 이루고 있다. 특히 새터민, 이주 노동자, 결혼 이주민 등 다양한 이주민이 존재한다. 이러한 변화에 따라 우리 사회는 다양한 국적의 사람들과 어떻게 공존하며 살아갈 것인가를 생각해야 한다.

이 과제를 해결하기 위해서는 서로의 다름을 인정하고 함께 살아가는 사회를 만들어야 한다. 가장 중요한 것은 서로의 문화적 배경과 가치관을 이해하고 배려하는 마음일 것이다. 또 국가 차원에서의 다문화 가족과 외국인 노동자에 대한 제도적 지원도 필요하다. 이런 노력이 모여 다문화 사회의 정착과 발전에 기여할 것이다.

─────────── 자신을 그대로 인정하고 사랑하기 ───────────

자신의 삶을 받아들이며 살지 못하던 완득이는 담임선생님과 윤하, 킥복싱으로 조금씩 자신의 모습을 발견하고 인정받는다. 인생에서 진정한 의미를 찾기 위해서는 완벽하지 않아도 되며 자신을 솔직하게 받아들이는 것이 중요하다. 완득이는 우리 삶을 돌아보게 하며 자신을 사랑하고 인정하는 것이 얼마나 소중한지를 깊이 생각하게 한다. 완벽하지 않아도 자신의 삶을 받아들이고 인생의 진정한 의미를 찾아가는 과정에서 진정한 행복을 경험할 수 있다.

깊이 보고 넓게 읽기

심화활동
- 영화 <완득이>와 소설을 비교하며 장르에 따른 표현 방식의 차이를 살펴본다.
- 등장인물을 분석하고, 이들이 상징하는 바를 정리해 본다.
- 작품 속에 나타난 사회 문제 중 하나를 골라 해결 방안을 생각해 본다.

함께 읽기
- 블랙 쇼맨과 운명의 바퀴 (히가시노 게이고, 알에이치코리아)
- 페인트 (이희영, 창비)
- 어쩌다 중학생 같은 걸 하고 있을까 (쿠로노 신이치, 뜨인돌)
- 방관자 (제임스 프렐러, 미래인)
- 어느 날 내가 죽었습니다 (이경혜, 바람의아이들)

하늘은 맑건만

현덕 | 창비 | 2018

도서 분야 문학 > 한국 소설   **관련 과목** 국어, 도덕

거짓말이냐 진실을 밝히느냐, 그것이 문제로다

《하늘은 맑건만》은 수만이의 꼬임에 넘어가 거스름돈을 쓰면서 죄책감을 느끼고 숙모의 돈을 훔쳤다가 자기 때문에 누명을 쓴 점순이의 일로 괴로워하는 문기의 내적 갈등을 담고 있다. 양심에 어긋나는 일을 하지 않으려는 문기와 돈을 주지 않으면 모든 사실을 밝히겠다고 협박하는 수만의 외적 갈등도 나타난다. 이 갈등을 중심으로 소설이 전개된다.

어머니는 일찍 돌아가시고, 아버지는 거처가 없어 문기는 삼촌 집에서 살고 있다. 어느 날 문기는 숙모의 심부름으로 고깃간에 갔다가 주인의 실수로 10배가 넘는 거스름돈을 더 받는다. 그 사실을 미처 주인에게 말할 틈도 없이 사람들에게 밀려서 가게 밖으로 나온다.

집으로 돌아오는 길에 만난 수만이에게 그 사실을 이야기하자 수만이는 그 돈을 몰래 쓰자고 꼬드긴다. 원래 거스름돈만큼을 숙모에게 드리고, 나머지는 갖고 나와서 같이 쓰자고 한 것이다. 문기는 수만이의 꼬드김에 넘어간다. 숙모에게 잔돈을 드리고 나온 문기와 수만이는 갖고 싶던 것들을 사고, 해보고 싶던 것들을 한다. 공, 만년필, 쌍안경, 만화책을 사고 활동사진 구경도 간다. 군것질도 한다. 남은 돈으로는 조그만 환등 기계를 사서 아이들에게 돈을 받고 구경시켜 주기로 한 뒤 헤어진다.

그러나 문기의 행동이 이상했던 삼촌은 공과 쌍안경을 보고 어디서 났는지 추궁한다. 문기는 삼촌을 실망시키고 싶지 않아 수만이가 줬다고 거짓말한다. 거스름돈을 쓰고 거짓말까지 한 스스로가 부끄러웠던 문기는 잘못을 반성하고 공과 쌍안경을 사람이 없는 곳에 버린다. 남은 돈은 고깃간 집 안마당에 던진다. 그제야 마음이 가벼워진다.

한편 환등 기계를 사기로 한 약속을 지키기 위해 집 앞에서 기다리던 수만이는 문기가 돈을 다 돌려주고 없다고 하자 두고 보자며 화를 낸다. 다음 날 아침, 수만이는 골목이며 교실 칠판에 '김문기는 ○○○ 했다'고 낙서하며 문기를 괴롭혔다. 그것도 모자라 문기를 따라다니며 "앞에 가는 아이는 공공공 했다지", "앞에 가는 아이는 '질적도' 했다지"라며 협박했다.

수만이의 협박을 이기지 못한 문기는 숙모의 돈을 훔쳐 수만이에게 갖다준다. 그러나 그 일 때문에 이웃집에서 일하던 점순이가 억울한 누명을 쓰고 쫓겨난다. 문기는 괴로워한다. 언제나처럼 하늘은 맑고 푸르건만 자기는 감히 떳떳한 얼굴로 하늘을 쳐다볼 만한 사람이 못 된다 싶었다. 무거운 마음에 고개를 들지 못한다. 떳떳하게 하늘을 볼 수 있는 마음을 갖고 싶었다.

문기는 담임선생님께 사실을 털어놓으려고 담임선생님 집 앞을 서성거리다 결국 아무 말도 하지 못하고 돌아오는 길에 교통사고를 당한다. 병원에서 깨어난 문기는 자신을 걱정하는 삼촌의 얼굴을 본다. 삼촌에게 고깃간 주인이 일 원을 십 원으로 알고 거슬러준 것, 그 돈을 써 버린 것, 그리고 붓장 안의 돈을 자기가 훔쳐낸 것 등 모든 일을 사실대로 고백한다. 삼촌에게 고백할수록 점점 몸과 마음이 가벼워지는 것을 느낀다.

○─────── **양심을 속이지 않는 정직함의 중요성** ───────○

문기의 마음에는 불안과 두려움이 가득했다. 이는 겉으로 평화롭게 보인다 하더라도 양심의 소리를 듣고 따르지 않으면 고통을 겪을 수 있다는 것을 상징적으로 나타낸다. 정직하지 못한 선택은 결국 자신을 괴롭힌다. 정직함엔 단순히 외면적인 태도뿐만 아니라 자기 자신에 대한 진실도 포함된다.

문기는 결국 내면의 소리를 이기지 못하고 삼촌에게 모든 사실을 고백한다. 거짓말할 때는 삼촌을 제대로 대하지 못하고 마음이 불편했지만 사실을 고백하고 나서는 몸과 마음이 가벼워진다. 문기는 앞으로 삼촌을 당당하게 대할 것이다. 이러한 경험은 앞으로 문기가 정직하게 행동하고 양심에 따라 올바른 선택을 할 것임을 짐작하게 한다.

○─────── **내적 갈등과 외적 갈등** ───────○

개인이나 집단 사이에 이해관계가 달라 서로 충돌하는 상태를 갈등이라고 한다. 갈(葛)은 '칡'을, 등(藤)은 '등나무'를 의미한다. 칡과 등나무 모두 덩굴식물인데, 칡은 왼쪽으로만 등나무는 오른쪽으로만 감고 올라가는 특성을 지닌다. 두 식물이 만나면 풀 수 없을 만큼 뒤엉키는 데에서 이 단어가 유래했다.

문학 작품에서 갈등은 한 인물의 마음에서 두 가지 이상의 욕구가 동시에 일어나는 내적 갈등과 한 인물과 그 인물을 둘러싼 사회나 환경 사이에서 일어나는 외적 갈등이 있다. 갈등은 이야기의 긴장감을 조성하고,

인물의 성격을 뚜렷하게 드러낸다. 또 사건을 전개하며 갈등을 해결하는 과정에서 주제가 분명하게 드러난다. 그러므로 소설에서 갈등은 반드시 필요한 요소이다.

───── 성장소설 ─────

유년기에 있던 등장인물이 사건을 겪으면서 심리적이나 도덕적으로 성장하는 과정을 다룬 소설을 성장소설이라고 한다. 주로 작중 인물이 도전이나 난관에 부딪히고 그것을 해결하는 과정에서 성장하고 발전한다. 《하늘은 맑건만》도 비슷하다. 어느 날 문기는 우연히 거스름돈을 많이 받고, 수만이의 유혹에 넘어가지만 괴로워한다. 갈등 끝에 정직하게 행동하기로 결심하고 잘못된 돈을 돌려주고 삼촌에게 모든 것을 고백한다.

깊이 보고 넓게 읽기

🎓 심화활동	• 사건의 진행에 따라 문기가 겪는 마음속 갈등과 그에 따른 문기의 행동을 정리한다. • 문기와 수만의 갈등 진행과 해결 과정을 정리해 본다. • 문기의 행동 중에서 이해되거나 공감되는 점과 비판할 점을 떠올려 본다.
😊😊 함께 읽기	• 앵무새 죽이기 (하퍼 리, 열린책들) • 자전거 도둑 (김소진, 문학동네) • 우리들의 일그러진 영웅 (이문열, 알에이치코리아) • 그 많던 싱아는 누가 다 먹었을까 (박완서, 웅진지식하우스) • 봉순이 언니 (공지영, 해냄)

17 플립

웬들린 밴 드나린 | F | 2017

도서 분야 문학 > 외국 소설   **관련 과목** 국어, 도덕

두근두근한 첫사랑의 이야기

'플립(Flip)'은 '뒤집다'는 뜻도 있고 '(정신이 나갈 정도로) 열중한다'는 뜻도 있다. 《플립》에서는 자신의 마음을 솔직하고 진솔하게 표현하는 줄리, 자신의 세계에 자꾸만 뛰어드는 줄리가 당황스러운 브라이스, 둘의 입장이 뒤바뀌면서 두 아이의 세계도 뒤집힌다. '플립'의 순간, 두 사람은 상대방이 자신이 생각했던 그런 사람이 아닐 수도 있다는 것을 깨닫는다. 같은 사건이지만 다르게 보는 브라이스와 줄리처럼 우리 역시 그렇다.

옆집에 브라이스가 이사 온 첫날, 줄리는 브라이스에게 첫눈에 반한다. 그때부터 브라이스를 쫓아다니며 귀찮게 한다. 줄리는 가난하지만 성격이 매우 밝고 학교에서 공부도 잘하는 우등생이다. 반면, 브라이스는 공부를 못했는데 줄리 덕에 좋은 성적을 받기도 한다. 그런데도 줄리를 성가셔하며 고등학교에 가면 더 이상 엮이지 않기를 기대한다.

줄리네 집 앞 버스정류장에는 커다란 플라타너스 나무가 있다. 줄리는 그 나무에 걸린 연을 잡으러 나무에 올라간다. 그 연은 브라이스의 연이었다. 높은 나무 위에서 바라본 풍경은 아름다웠다. 그 이후 줄리는 그 나무에 올라가 해가 뜨는 것을 바라본다. 나무에 올라가 서너 정거장 전에 있던 스쿨버스가 오는 걸 먼저 보고 아이들에게 알려주기도 한다.

어느 날, 트럭을 탄 기사가 나타나 그 나무를 자르려 한다. 줄리는 나무를 자르면 안 된다고 울부짖으며 친구들에게 도움을 요청하지만 아무도 동참하지 않는다. 결국 줄리의 엄마와 아빠가 와서 어쩔 수 없이 나무에서 내려온 줄리는 오열한다. 이 장면이 기자의 눈에 띄어 줄리의 이야기가 지역 신문에 실린다. 브라이스의 할아버지가 그 신문을 본다. 브라이스에게 신문 기사를 보라고 주지만 브라이스는 서랍에 처박아 넣는다.

브라이스는 낡은 줄리네 집이 더럽다고 생각한다. 줄리는 병아리가 낳은 달걀 중 좋은 것을 골라 2년 동안 브라이스에게 갖다 주었는데 브라이스는 살모넬라균에 감염됐을 거라 생각해 계속 버렸다.

어느 날 음식물 쓰레기통에 버렸던 달걀들을 줄리에게 들킨다. 브라이스는 그동안 달걀을 버렸다고 솔직하게 말한다. 상처받은 줄리는 더 이상 브라이스에게 다가가지 않고 브라이스는 사과할 기회를 잡지 못한다.

브라이스는 자기와는 대화하지 않던 할아버지가 줄리와 다정하게 웃으며 이야기하는 것을 본다. 그날 할아버지에게서 줄리네 가족 이야기를 듣는다. 줄리의 삼촌은 태어날 때 탯줄이 목에 감겨 뇌손상을 입었다고 한다. 브라이스의 엄마는 브라이스가 태어날 때도 그런 일이 있었기 때문에 그 이야기를 듣고 울음을 터뜨린다.

브라이스는 만약 자신이 줄리의 삼촌과 같은 상황이었다면 아빠는 자신을 돌봐주지 않았을 거라고 생각한다. 할아버지와 오랜만에 산책하고 방으로 돌아와 서랍에 처박혀있던 줄리의 기사를 꺼내 읽으며 이상한 마음이 생긴다. 계속 줄리에게 사과할 기회를 엿보지만 줄리는 브라이스를 차갑게 대한다.

학교 자선 행사에서 줄리가 다른 아이와 점심 먹는 것을 본 브라이스는 질투를 느껴 줄리에게 키스하려고 한다. 줄리는 집으로 도망간다. 며칠 후 브라이스는 미안한 마음을 담아 땅을 파고 나무 한 그루를 심는다. 그 모습을 본 줄리가 문을 열고 나온다.

─────── **성장에 영향을 미치는 주변의 관계에 대해** ───────

줄리의 아버지는 줄리가 플라타너스 나무 사건으로 상심했을 때 나무의 영혼이 줄리와 함께하기를 바라며 그림을 그려준다. 경제적으로는 가족들을 풍족하게 살 수 있도록 하지는 못하지만 줄리가 마음이 따뜻한 사람으로 성장할 수 있도록 이끌어준다.

브라이스와의 산책에서 할아버지는 누구나 일생에서 단 한 번 무지개 빛깔을 내는 특별한 사람을 만난다는 이야기를 하며 그 사람이 할머니였고, 줄리가 할머니와 닮았다고 말한다. 브라이스는 줄리네 가족을 보며 어떻게 살아야 할지 고민하고 전과는 다르게 살겠다고 결심한다.

깊이 보고 넓게 읽기 💡

 심화활동	• 두 주인공의 심리를 분석해 본다. • 다른 사람의 입장을 고려해야 하는 이유에 대해서 토론한다. • 동명의 영화를 보고 두 작품의 주제나 캐릭터의 공통점과 차이점을 정리해 본다.
 함께 읽기	• 죽이고 싶은 아이 (이꽃님, 우리학교) • 내가 그린 히말라야시다그림 (성석제, 창비) • 아일랜드 쌍둥이 (홍숙영, 클레이하우스) • 박사가 사랑한 수식 (오가와 요코, 현대문학) • 용기의 쓸모 (이옥수 외 5인, 뜨인돌)

18 꽃들에게 희망을

트리나 폴러스 | 시공주니어 | 1999

도서 분야 문학 > 외국 소설 　　　　　**관련 과목** 도덕

당신의 기둥 꼭대기에는 무엇이 있나요?

무조건 남들이 사는 대로 따라 살 필요는 없다. 때로는 자신을 믿고 용기 내는 결단이 필요하다. 이 과정은 목숨을 위험에 빠뜨릴 만큼 험난할 수 있다. 절실한 노력이 필요하다. 자기 내면의 힘을 믿고, 흔들리지 않는 신념으로 노력하는 모습이야말로 우리가 가져야 할 힘이 아닐까.

아주 옛날, 작은 호랑 애벌레 한 마리가 알을 깨고 세상에 나온다. 호랑 애벌레였다. 호랑 애벌레는 잎을 먹으면서 생애를 보낸다. 그러다 문득 '그저 먹고 자라는 것'만이 삶의 전부가 아니고 '이런 삶과 다른 무언가'가 분명히 있을 거라는 생각을 한다.

호랑 애벌레는 삶의 의미를 찾아 길을 떠난다. 하루는 바쁘게 기어가는 애벌레 떼를 보고 쫓아간다. 호랑 애벌레는 애벌레들이 서로 얽혀 올라가는 커다란 기둥을 발견한다. 애벌레 더미로 이루어진 기둥을 발견하고 뭔가 의미가 있을 거라 기대하면서 애벌레 기둥에 오르기 시작한다.

애벌레들은 서로 밟고 밟히고 끌어내리면서 더 위로 올라갔다. 수천수만 마리의 애벌레가 뒤엉켜 위로 오르는 것이었다. 그렇게 위로 오르던 애벌레들은 친구도 밟고, 연인도 밟고 올라갔다. 호랑 애벌레도 이를 악물고 올랐지만 구름에 가려진 기둥의 꼭대기까진 보이지 않았다. 분명 다들 발버둥치고 있으니, 꼭대기에 대단한 것이 있을 거라고 생각한다. 꼭대기에 무엇이 있는지, 자신들이 어디로 가고 있는지는 아무도 몰랐다. 하지만 다들 기를 쓰고 기둥을 열심히 올라갔다. 열심히 기둥을 오르던 호랑 애벌레는 끊임없는 경쟁에 회의감을 느낀다.

호랑 애벌레는 애벌레 기둥에서 노랑 애벌레를 만난다. 두 애벌레는 사랑에 빠지고 기둥에 오르기를 포기한다. 기둥에서 내려와 마음껏 풀을

뜯어 먹고 신나게 놀며 사랑을 키워 나간다. 하지만 꼭대기에 대한 열망을 포기할 수 없었던 호랑 애벌레는 애벌레 기둥의 끝에 무엇이 있을지 계속 궁금해 한다. 결국 노랑 애벌레와 헤어져 다시 기둥을 오른다.

노랑 애벌레는 슬퍼하며 정처 없이 헤맨다. 그러던 중 나비가 되려고 고치를 만드는 늙은 애벌레를 만난다. 노랑 애벌레는 자신이 나비라는 존재가 될 수 있음을 깨닫고 고치를 만들어 노랑나비로 다시 태어난다.

한편, 호랑 애벌레는 다른 애벌레들을 짓밟으며 열심히 기둥의 꼭대기에 올랐는데, 기둥의 꼭대기에 아무것도 없다. 꼭대기에서 발견한 건 자신이 오른 애벌레 기둥과 비슷한 수많은 애벌레 기둥이다. 호랑 애벌레는 기둥이 의미가 없음을 깨닫고 충격을 받는다. 허탈감도 느낀다. 하지만 그런 마음을 표현할 수 없다. 기둥 아래에 있는 애벌레들이 올라오고 싶어 하는 곳에 와 있기 때문이다. 꼭대기의 비밀을 말할 수 없다.

그때, 호랑 애벌레 앞에 노랑나비가 나타난다. 호랑 애벌레는 자신도 나비가 될 수 있다는 희망을 품고 기둥에서 내려온다. 그리고 깨닫는다. 꼭대기에 올라가기 위해서는 기는 것이 아니라 날아야 한다는 것을. 호랑 애벌레는 기둥을 내려오며 다른 애벌레들에게 꼭대기에 가봤지만 아무것도 없었다고 말해준다. 하지만 아무도 그 말을 듣지 않는다. 호랑 애벌레는 노랑나비를 따라 고치를 만든다. 호랑 애벌레도 나비가 된다.

내용 이해 개념 쏙쏙

───────── 거대한 애벌레 기둥의 비밀 ─────────

애벌레 기둥 꼭대기에 무엇이 있는지 아무도 알지 못한다. 다들 올라가니 좋은 게 있을 거라는 생각으로 오른다. 다른 애벌레를 짓밟고, 상처 주고, 기둥 아래로 떨어뜨리기도 한다. 그렇게 올라간 꼭대기에는 아무것도 없다. 그뿐인가, 자신이 목표로 삼았던 기둥은 수천 개 중의 하나일 뿐. 기둥을 오르는 애벌레들의 모습에서 우리는 경쟁에서 이기지 않으면 승리할 수 없다는 조바심으로 다른 이에게 상처 주거나 아프게 한 적은 없는지 반성하게 된다. 정상에 오른 호랑 애벌레가 바라본 거대한 애벌레 기둥의 모습에서 우리는 어떻게 살아야 할지를 떠올리게 된다.

───── 때로는 남들이 선택하지 않지만 진정 원하는 것을 찾을 수 있는 용기 ─────

노랑 애벌레의 선택을 살펴보자. 노랑 애벌레는 기둥에서 내려와 자신이 정말로 원하는 것이 무엇인지 찾기 위해 노력한다. 그러던 중 고치를 만들고 있는 늙은 애벌레를 만난다. 노랑 애벌레는 처음에는 자신 안에 노랑나비가 있다는 것을 받아들이지 못한다. 하지만 자신의 내면을 믿고 목숨을 위험에 빠뜨릴 정도로 간절히 날기를 원한다. 자신의 존재 가능성을 믿은 것이다.

성장하면서 차츰 존재의 의미를 생각하고, 더 가치 있는 삶을 추구하며, 자기 나름의 목표를 정한다. 그 목표를 향해 노력하며 성취의 기쁨을 맛본다. 애벌레들의 기둥은 남들이 만들어 놓은 논리대로 살아가는 삶을 의미한다. 진짜 행복한 삶, 가치 있는 삶이 무엇인지 따질 틈 없이 한 단계 위로 올라가는 일에 매달리는 인간의 모습을 상징하는 것이다.

기둥 꼭대기는 흔히 성공한 삶의 조건이라고 하는 돈, 명예, 권력 등을 의미한다. 다른 사람들이 보기에는 매우 좋아 보이지만 실상은 큰 의미가 없다. 즉, 부, 명예, 권력 등을 누리는 삶은 참다운 삶이 아니라는 것이다. 어떤 삶이 가치 있는 삶인지 찾으려는 부단한 노력을 통해 내면의 가치를 찾을 때 누구도 흉내 낼 수 없는 참다운 삶을 살 수 있다.

깊이 보고 넓게 읽기

심화활동	• 제목과 달리 작품 속에 꽃이 등장하지 않는 이유가 무엇인지 생각해 본다. • 내가 진정으로 원하는 것이 무엇인지, 그걸 이루기 위해서 어떻게 할지 계획해 본다. • 책에서는 경쟁이 나쁘게 묘사됐다. 경쟁이 나쁘기만 한지 장단점을 정리해 본다.
함께 읽기	• 데미안 (헤르만 헤세, 푸른숲주니어) • 어린 왕자 (앙투안 드 생텍쥐페리, 열린책들) • 갈매기의 꿈 (리처드 바크, 나무옆의자) • 나의 라임 오렌지 나무 (J.M. 바스콘셀로스, 동녘) • 창가의 토토 (구로야나기 테츠코, 김영사)

19 갈매기의 꿈

리처드 바크 | 나무옆의자 | 2018

도서 분야 문학 > 외국 소설 　　　**관련 과목** 도덕

가장 높이 나는 새가 가장 멀리 본다

《갈매기의 꿈》은 우리에게 평범함에 안주하지 말고 끊임없이 성장하고 도전해야 한다고 말한다. 자신만의 방식으로 세상을 바라보고 새로운 길을 개척하는 것은 중요하다. 이를 통해 진정한 자유와 행복을 찾을 수 있으며, 타인에게 긍정적인 영향을 줄 수도 있다. 이 책은 평범함이라는 안락함에 젖어 자신이 할 수 있는 비행을 안 하고 있는지 반성하게 한다.

조나단 리빙스턴은 비행을 사랑하는 갈매기다. 누구보다 멋지고 빠르게 날기를 꿈꾸며 다른 갈매기와는 다른 생각을 갖고 산다. 조나단은 언젠가 하늘을 날겠다는 자아실현을 위해 부단히 노력한다.

대개의 갈매기들에게 중요한 건 비행이 아니라 먹이였다. 같은 부족의 갈매기 떼는 먹이를 찾기 위해 해안가에서 분주하게 노력한다. 하지만 조나단은 멀리 떨어진 곳에서 혼자 저공비행 연습을 한다. 해가 뜰 무렵까지 연습하고 또 연습한다. 그에게 중요한 것은 비행 자체였다.

다른 갈매기들은 먹이를 구하기 위해 고군분투하기보다 비행 연습만 하는 조나단을 비웃었다. 먹이를 구하는 것이 중요한 갈매기들의 입장에서 조나단은 한심한 갈매기였던 것이다. 조나단의 부모님마저 그를 나무라며 우선 먹이를 획득하는 것부터 배우라고 한다.

조나단은 주변의 설득과 만류에도 아랑곳하지 않고 먼 바다로 나가 비행 연습을 계속한다. 그저 먹고살기 위한 삶이 무의미하다고 생각하며 그렇게 살고 싶어 하지 않는다. 조나단은 마침내 절정의 기량을 갈고닦아 갈매기 역사상 최초로 곡예비행을 선보인다. 비행을 마친 조나단은 한밤중에 해변에 모인 갈매기들과 합류했다.

조나단이 착륙하자 부족 회의가 소집됐다. 부족장이 격식을 차린 말투로 중앙에 서게 했다. 조나단은 자신의 비행을 본 다른 갈매기들 앞에서 명예를 주기 위한 것이라 생각했다. 그러나 그렇지 않았다. 조나단의 행동이 부족원의 관습에 저항하는 것으로 여겨져 추방당한다.

동료들의 배척과 자신의 한계에도 좌절하지 않고 끊임없이 자기 수련을 하던 조나단은 자신과 비슷한 실력을 가진 두 마리의 갈매기를 만난다. 그들은 갈매기 무리에서 벗어나 비행 연습을 하는 갈매기들이었다. 조나단은 그들을 따라간 갈매기의 천국에서 스승 설리번과 챙을 만난다. 고된 훈련을 견디며 완전한 비행술을 습득해 마침내 갈매기 역사상 최고로 빠른 갈매기가 되어 초현실적 공간으로까지 날아오르고 꿈을 실현한다.

조나단은 거기에 머무르지 않는다. 설리번을 떠나 자신처럼 쫓겨난 젊은 갈매기 플레처를 만난다. 비행 연습으로 추방된 제자들에게 비행술을 가르치며 그들을 초월의 경지로 인도한다. 그리고 제자들과 함께 자신들을 추방한 무리로 돌아간다. 한 달 정도 지나자 다른 갈매기들이 그들에게 비행을 가르쳐 달라고 찾아온다. 그들도 추방자 딱지를 붙이고 비행 연습을 시작한다. 조나단은 자신의 제자들을 새로운 스승으로 만든다.

마지막 떠나는 순간에 조나단은 제자 플레처에게 다른 갈매기들이 자신을 신으로 만들지 못하게 부탁하고 진정한 나는 기술을 터득할 수 있도록 힌트를 주고 떠난다. 그러나 시간이 지나면서 조나단의 가르침은 점점 우상화, 관념화된다. 갈매기 앤서니는 그러한 갈매기 사회에 반감을 가지고 비행하다가 놀라운 비행을 하는 갈매기를 만난다. 그의 이름을 묻자 그는 자신을 존이라고 한다.

─────── **평범함이란** ───────

먹이를 구하는 방법에 골몰하는 다른 갈매기들과 달리 비행하는 법을 연구하는 조나단에게 어머니는 한탄스럽게 말한다. "왜 그러니, 존? 여느 새들처럼 사는 게 왜 그리 어려운 게냐, 존?" 남들과 다르다는 것은 남들과 어울리기 어렵다고 받아들여진다. '모난 돌이 정 맞는다'는 속담처럼 우리는 나와 다르거나 익숙하지 않은 것들을 경계하고 배척한다. 하지만 다른 새로운 것을 시도한 사람들 덕분에 인류는 한 단계 전진하고 발전해왔다.

─────── **끊임없는 노력** ───────

조나단은 평범한 갈매기였지만 다른 갈매기들과 달리 새로운 것을 배우고 도전하는 모습을 보인다. 그는 자신의 한계를 뛰어넘어 더 높이, 더 멀리 날고자 끊임없이 도전하는 모습을 보인다. 다른 갈매기들에게 비웃음을 당하기도 하고 배척당하기도 했지만, 포기하지 않고 연습했다. 그리고 마침내 꿈을 이루었다. 우리도 자기의 능력이나 환경에 한계를 느낄 때가 있다. 하지만 조나단처럼 포기하지 않고 끊임없이 노력하면 한계를 뛰어넘을 수 있다.

　조나단은 자신의 꿈을 좇기 위해 다른 갈매기들과 다른 길을 선택한다. 다른 갈매기들이 자신을 비웃고 그의 행동을 이해하지 못할 때에도 꿈을 포기하지 않는다. 자신을 믿는다는 건 단순히 긍정적인 생각을 하는 것만이 아니라 자신의 능력과 가능성을 인정하고 그에 맞는 행동을 하는 것이다. 그는 자신의 꿈을 이루기 위해 끊임없이 노력했고, 자신이 누구인지, 무엇을 원하는지 깊이 고민했다. 이러한 자기 탐색은 자신을 발견하는 데 중요하다.

　꿈을 좇는 과정에서 수많은 실패를 경험하지만 이를 두려워하지 않고 실패를 통해 더 나은 모습으로 거듭난다. 실패는 성공의 어머니라는 말이 있듯이 실패는 성장의 일부이며, 이를 통해 우리는 더욱 발전할 수 있다.

깊이 보고 넓게 읽기

심화활동	• 자신의 꿈이 무엇인지 생각해 보고 이를 글로 쓰거나 포스터 등으로 그려본다. • 자신이 조나단이라면 어떻게 했을지 생각하는 글을 써본다. • 자신의 꿈을 이루기 위한 1년 계획을 세운다.
함께 읽기	• 갈매기에게 나는 법을 가르쳐 준 고양이 (루이스 세뿔베다, 바다출판사) • 리버보이 (팀 보울러, 다산책방) • 하라의 세계가 열리면 (이은용, 사계절) • 80일간의 세계일주 (쥘 베른, 시공주니어) • 샬롯의 거미줄 (엘윈 브룩스 화이트, 시공주니어)

20 기억 전달자

로이스 라우리 | 비룡소 | 2024

도서 분야 문학 > 외국 소설 　　　　**관련 과목** 국어, 사회, 도덕, 과학

모든 것이 완벽하게 통제되는 사회

힘든 순간과 싫은 감정까지 다 나를 만드는 소중한 '기억'이었어. 앞으로는 더 잘 이해해야지.

모든 감정과 기억을 통제하고 조화로운 삶을 추구하지만, 이러한 통제로 인간성을 상실한 사회가 있다. 《기억 전달자》 속 사회는 기억을 의도적으로 제거하며, 이를 통해 모든 사람들이 동등한 것을 느끼고 생각하는 환경을 조성한다. 이 과정에서 문제가 발생한다.

이들이 사는 '커뮤니티'는 겉으로 보기엔 모든 것이 완벽해 보이는 완벽한 통제 사회이다. 날씨는 '늘 같음 상태'로 조절되며, 사람들은 색깔이라는 개념이 없이 모든 것을 흑백으로만 본다. 한 가정은 엄마, 아빠, 남자아이, 여자아이 4명으로만 구성되며, 매년 태어나는 아기 수는 50명으로 제한된다. 이들은 혈연관계가 아니다. 아이를 낳는 산모는 따로 있다. 산모들은 평생 3명의 아이를 낳으며 출산 후에는 육체노동자가 된다. 일정 나이가 되거나 규칙을 세 번 위반하거나, 선천적인 문제가 있으면 임무 해제 의식을 통해 외부 지역으로 강제 이동된다.

마을에 사는 모든 아이들은 12살이 되면 직위 수여식을 갖는다. 선생님과 위원회의 원로들이 아이들의 직업을 선택해서 발표하는 것이다. 조너스는 자신이 받을 직위가 무엇일지 궁금하면서 직위를 받지 못할까봐 겁도 난다. 기다리던 직위식 날, 조너스는 최고의 영예 직위인 '기억 보유자'로 선택된다. 거의 10년 만에 나온 이 직위는 커뮤니티의 모든 기억을 가지는 직위로, 모든 사람이 우러러보며 존경하는 자리다.

조너스는 친구들과 떨어져 지내며 선대 '기억 보유자'였던 '기억 전달자'에게 기억을 하나씩 전달받는 훈련을 시작한다. 스승에게 기억 전달 훈련을 받은 조너스는 그동안 못 보던 세계와 느끼지 못한 다양한 감정들을 경험한다. 또한, 세상엔 흑백이 아닌 고유의 색이 자리 잡고 있음을 알게 된다. 하지만 누구에게도 이것을 누설하거나 공유할 수 없다.

조너스는 자신이 느낀 이 모든 감정을 누리지 못하는 사람들에게 안타까움을 느낀다. 오래전 기억 보유자로 선택됐던 여자아이의 죽음에 대해 알게 된다. 스승은 조너스의 마음을 읽고 조너스에게 이곳을 떠날 계획을 세우게 한다. 조너스는 같이 떠나자고 하지만 스승은 마을 사람들이 감정을 받게 된 후 겪게 될 혼란을 수습하기 위해 남아야 한다고 말한다.

어느 날 아버지가 '임무 해제' 하는 모습을 보고, 임무 해제의 진짜 의미를 알게 된 조너스는 경악한다. 그리고 가족처럼 지냈던 아기 가브리엘이 그날 밤 임무 해제될 것이라는 것을 알고 다급하게 마을을 떠나기로 한다. 조너스는 가브리엘을 안고 곧바로 마을을 떠난다.

조너스는 수색대를 피해 숨어 다니며 두려움과 맞서 싸운다. 차라리 마을에 남았다면 이런 추위와 굶주림을 겪지 않았을 거라는 후회도 들지만 돌아갈 수 없음을 안다. 조너스는 자신이 가졌던 '따뜻함', '행복감', '사랑' 등의 감정을 떠올리며 가브리엘에게도 그 감정을 전하며 이겨나간다.

며칠 며칠을 헤매다 이제 모든 고통이 끝나게 될 것을 알게 된다. 스승에게 전달받은 기억의 장소에 도착했기 때문이다. 조너스는 비로소 종착지에 다 왔다는 것을 느끼며 언덕을 향해 올라간다. 더 이상 올라갈 곳이 없는 지점에 이르러 스승에게 훈련받았던 것처럼 가브리엘을 꽉 안고 썰매 위에 앉아 빠른 속도로 미끄러져 내려간다.

─── 완벽한 사회에 대한 의문 ───

《기억 전달자》는 완벽한 사회를 추구하는 것이 항상 긍정적인 결과를 가져오지 않음을 보여준다. 소설 속 커뮤니티는 동질성을 강조하며 개인의 차이를 받아들이지 않는다. 모든 게 통제되고 감정과 개성이 억압된다. 사람들은 동일한 가치관과 행동 양식을 강요받으며 살아간다. 겉으로는 평화롭게 보이지만, 실상은 개인의 자유와 행복이 희생된 상태다.

주인공 조너스는 기억 전달자로서 과거의 경험과 감정을 접하게 되고 현재의 사회가 얼마나 비인간적인지를 깨닫는다. 색깔, 감정, 사랑 같은 본질적인 요소들이 결여된 삶은 진정 행복한 삶이 아니라는 사실을 인식한다. 조너스의 탈출은 완벽한 사회에 대한 강력한 의문을 제기한다.

─── 기억의 중요성 ───

기억이 없는 사회는 과거의 실패와 교훈을 잊고, 같은 실수를 반복할 위험에 처한다. 진정한 행복을 누릴 수 없으며, 이는 인간 본질을 왜곡하는 결과를 초래한다. 역사를 잊은 민족에게 미래는 없다. 사람은 기억을 통해 과거의 실수를 배우고, 더 나은 사회를 만들어 간다.

비판적 사고는 우리에게 주어진 규칙과 관습을 단순히 받아들이지 않고, 그 뒤에 숨은 의미와 가치를 깊이 있게 탐구하는 것이다. '그렇게 해야 한다'고 생각하고 행동하는 것보다 왜 그런 규칙이 생겼고 그것이 나와 내 주변에 어떤 영향을 미치는지 고민하는 게 필요하다.

비판적인 태도로 스스로 질문하고 의문을 제기함으로써 더 나은 결정을 내릴 수 있다. 비판적인 태도로 다른 사람과 대화하며 다양한 관점을 접하는 과정은 우리 사고를 확장시킨다. 비판적 사고는 잘못된 것에 저항할 수 있는 힘을 길러주기도 한다. 자신을 이해하고 다른 사람을 이해하며, 더 나아가 사회를 이해하는 데 필수 도구다.

깊이 보고 넓게 읽기

심화활동	• 조너스가 경험하는 감정의 변화를 따라가며 자신의 감정을 기록한 일지를 써본다. • 조너스와 가브리엘이 어떻게 될지 결말을 상상해 본다. • <The Giver> 영화를 보고 두 작품의 주제, 캐릭터의 공통점, 차이점을 정리해 본다.
함께 읽기	• 화씨451 (레이 브래드버리, 황금가지) • 1984 (조지오웰, 민음사) • 바람의 열두 방향 (어슐러 K. 르 귄, 시공사) • 하라의 세계가 열리면 (이은용, 사계절) • 스노볼 (박소영, 창비)

장유승, 박동욱, 이은주, 김영죽, 이국진, 손유경 | 샘터 | 2015

도서 분야 문학 > 시   **관련 과목** 국어, 도덕

옛사람도 그러해서 시를 읊었다

많은 사람이 한자로 쓴 한시는 중국시라고 생각한다. 한시는 원래는 중국에서 시작됐지만 동아시아 한자문화권에서 공통적으로 향유됐다. 구한말까지 꽤 오랫동안 우리의 생각과 감정을 표현한 우리의 문학이었다.

한시는 어려운 한자로 쓴 옛날 문학이라 오늘날 우리에게는 맞지 않는다고 생각하는 사람이 많다. 하지만 그 안에 담긴 마음을 알고 나면 옛사람들의 삶이 오늘을 살아가는 우리의 삶과 크게 다르지 않다는 것을 느낄 수 있다. 오히려 한시를 하나하나 살펴볼수록 이렇게 시간이 많이 지났음에도 옛사람과 오늘날 우리의 생각이 같을 수 있다는 것에 놀랄 것이다.

《하루 한시》는 젊은 한시 학자 6인이 101편의 한시를 모아 하루의 시간 순서대로 엮은 책이다. 1부 제목은 '날은 채 밝지 않았는데 눈은 맑아 온다'로 밤사이 제대로 잠들지 못한 시인들의 생각이 담긴 한시가, 2부 제목은 '이제 일어나 앉으니 아침 새소리 꾸짖는다'로 자꾸 게을러지고 약해지는 자신을 다독이고 채근하는 한시가 수록됐다. 3부 제목은 '소 끄는 대로 밭 갈아도 옷은 젖네'로 세상일이 마음먹은 대로 되지 않는 걱정을 이야기하고 4부 제목은 '찾아오는 벗 없는데 해 저물어 산그림자 길다'로 뜻대로 되지 않는 세상사와 답답한 마음을 담은 한시들이 수록됐다. 5부 제목은 '달은 차지 않고 별만 밝으니 고향 생각에 아득하다'로 녹록하지 않은 현실로 가족과 고향을 그리워하는 심정이 드러난 한시들이 수록됐다.

한시를 시대와 국적으로 분류하지 않고 각각의 주제에 따라 분류했다. 평범한 사람의 하루를 한시로 담아 시를 통해 옛사람의 하루를 살필 수 있다. 옛사람들도 우리가 느끼는 것과 같은 마음을 느꼈음을 알 수 있다.

한시라고 해서 한자가 가득할 것이라 걱정할 필요는 없다. 독자가 읽기

쉽게 한 편의 한시에서 중요한 몇 구절을 뽑고 거기에 학자들이 자신들의 생각을 더했기 때문이다. 가벼운 마음으로 한시를 보며 자신의 삶과 연결할 수 있다. 그중 하나인 '마음의 불'을 살펴보자.

아침에 길 가다가 괜한 마음에	朝行妄作腑腸頭
괴롭고 성나니 참으로 이유 없다	生惱生嗔苦沒有
옥액과 금진 모두 겉으로만 약이 될 뿐	玉瀣金津都表制
좋은 의사란 자신에게서 구하는 것	良醫合向自家求

이정섭(李廷燮, 1688~1744), 마음의 불(心火)

　이유도 없이 화가 나는 경우가 종종 있다. 이유가 없다고 했지만 사실 그 원인은 자신에게 있다. 미숙하거나 부정하고 싶은 자신의 일부분을 스스로 인정하지 않을 뿐이다. 옛사람들만 그랬을까? 우리도 살다 보면 스스로 화가 날 때가 있다. 한시를 통해 알게 되는 삶의 지혜로 오늘날 우리의 삶을 다시 돌아볼 좋은 기회가 될 것이다.

— 한시의 '기(起)−승(承)−전(轉)−결(結)' —

한시는 시인의 사상과 감정 등을 운율감 있는 한자로 표현한 문학으로 내용이 간결하고 함축적이다. 구성은 크게 '기−승−전−결' 4단 구성으로 이루어진다. '기'에서는 경치나 주변 풍경 등을 그리며 시상(시에서 생긴 마음이나 정서)을 일으키고, '승'에서는 '기'에서 일으킨 시상을 발전시킨다. '전'에서는 '기'와 '승'의 시상을 전환시키고 '결(結)'에서 마무리한다. 물론 모든 한시가 이런 구조로 이루어져 있지는 않다. 작품을 바라보는 관점과 맥락에 따라 해석이 달라질 수 있음을 염두에 두고 감상하는 것이 좋다.

— 한시의 형식 —

한시는 형식이 정해진 정형시이다. 이 한시의 형식을 어려워하는 경우가 많다. 한시에서 한 글자는 1언, 한 줄은 1구로 간주된다. 이러한 규칙을 이해하면 한시의 구조를 보다 쉽게 파악할 수 있다. 예를 들어 정지상의 '송인'을 살펴보면, 첫 줄인 '雨歇長堤草色多'는 일곱 글자로 구성됐다. 이렇게 한 줄에 일곱 글자가 들어가면 이 시는 7언으로 분류된다.

한시는 보통 4줄 또는 8줄로 구성되며, 이 구조에 따라 각각 '절구(絕句)'와 '율시(律詩)'로 나뉜다. 7언인 시가 4줄로 이루어지면 '7언절구'라고 한다. 각 줄이 일곱 글자로 구성돼 총 4줄이기 때문에 7언의 절구 형식을 갖췄다는 뜻이다. 여덟 줄로 이루어지면 '7언율시'라고 한다. 각 줄이 일곱 글자로 구성돼 총 여덟 줄이 된다. 이러한 형식은 시인이 전하고자 하는 감정이나 사상을 더욱 효과적으로 표현할 수 있게 한다.

한시는 자연, 사랑, 고독, 인생의 의미 등 다양한 주제를 다룬다. 자연은 흔한 주제 중 하나이다. 시인들은 자연의 아름다움과 변화, 그리고 그 속에서 느낀 감정을 통해 인간의 삶과 연결된 깊은 사유를 표현한다. 산과 물, 계절의 변화는 내면세계를 반영하는 중요한 요소다. 이러한 자연의 묘사는 공감을 불러일으키며, 시인의 고독이나 기쁨을 함께 느끼게 한다.

사랑의 기쁨과 슬픔, 이별의 아픔도 자주 다루는 감정이다. 한시는 사랑의 복잡한 감정을 섬세하게 표현해 사랑의 본질에 대해 생각하게 한다. 인생의 의미에 대해 탐구한 한시도 많다. 삶의 덧없음, 인간 존재의 의미, 그리고 죽음에 대한 성찰을 시 속에 담는다. 이러한 주제들은 자신의 삶을 돌아보고, 더 나아가 인생에 대한 이해를 도울 것이다.

깊이 보고 넓게 읽기

심화활동	• 한시 한 편을 골라 주제를 정리하고 그 주제가 시인에게 어떤 의미인지 설명한다. • 두 편의 한시를 선택해 주제, 감정, 표현 기법 등을 비교, 분석하는 글을 써본다. • 한시에 사용된 비유, 의인화, 상징 등 문학 표현을 찾고 그 효과에 대해 분석한다.
함께 읽기	• 백 일의 밤 백 편의 시 (이영주, 뜨인돌 출판사), • 옛사람이 건넨 네 글자 (정민, 휴머니스트), • 마음에 쓰는 고전 (김원중, 한겨레출판), • 정민 선생님이 들려주는 한시 이야기 (정민, 보림), • 국어시간에 옛시 읽기 (전국국어교사모임, 휴머니스트)

22 홍길동전

권순긍 | 휴머니스트 | 2014

도서 분야 문학 > 한국 소설   **관련 과목** 국어, 역사

'아버지'를 '아버지'라 부르지 못하고

전기수들이 말해주는 영웅, '홍길동전'을
들은 조상님들의 기분은 어땠을까?

《홍길동전》은 최초의 한글 소설로, 비범한 재주와 능력을 지닌 홍길동이라는 인물을 통해 당시 적서 차별의 문제와 지배층의 무능력을 비판하고 사회상을 엿볼 수 있는 소설이다. 또 이런 사회에 통쾌하게 복수하는 주인공의 캐릭터를 부각하기 위해 도술적 능력을 부여하고 마침내 율도국이라는 세계를 건설하는 영웅이 된다는 점에서 영웅소설이기도 하다.

홍길동은 조선조 세종 때 서울에 사는 홍 판서의 하녀 춘섬이 낳은 서자이다. 홍 판서가 길몽을 꾸고 본부인을 가까이 하려 했으나 응하지 않았다. 마침 춘섬이 있어서 춘섬과의 사이에서 낳은 아이가 홍길동이다.

홍길동은 어려서부터 도술을 익히고 장차 훌륭한 인물이 될 기상을 보였으나 서자인 탓으로 아버지를 아버지라 부르지 못하고 형을 형이라 부르지 못하는 현실 속에서 절망감을 느낀다. 게다가 가족들은 홍길동의 비범한 재주가 장래에 화가 될 것을 걱정해 자객을 시켜 홍길동을 없애려 한다. 홍길동은 가까스로 위기에서 벗어나 집을 나와 떠돌아다닌다.

그러다 도적의 소굴에 들어가 힘을 겨루고 두목이 된다. 기이한 계획으로 해인사의 보물을 훔치고 도적떼 이름을 활빈당이라 짓는다. 이후 전국에 있는 수령들의 재물을 훔쳐 가난한 백성들에게 나누어준다.

홍길동은 함경도 감영의 재물을 탈취하면서 '아무 날 전곡을 도적질한 자는 활빈당 행수 홍길동'이라는 방을 붙여 놓는다. 함경 감사가 홍길동을 잡는 데 실패하자 조정에 장계를 올려 홍길동이라는 큰 도둑을 잡으라고 한다. 그런데 조선팔도가 장계를 다 같이 올렸는데, 도적의 이름이 홍길동이고, 도적 당한 날짜가 같은 날 같은 시간이었다.

임금이 전국에 명령을 내려 홍길동을 잡으려 수단과 방법을 가리지 않았으나 도저히 홍길동의 도술을 당해낼 수 없었다. 임금이 홍 판서를 회유해 홍길동의 형인 홍인형을 경상 감사로 임명하고, 홍길동을 잡아들이라고 명령한다.

그 소식을 들은 홍길동은 홍인형 앞에 나타나 자신을 잡을 방법을 상세히 설명한다. 홍길동의 말대로 한 홍인형은 홍길동을 잡는다. 홍인형에게 잡힌 홍길동은 임금을 만나 적서 차별과 탐관오리의 문제점에 대해 말한다. 그리고 자신에게 병조 판서의 자리를 달라고 한다. 임금이 홍길동에게 벼슬을 내리자 홍길동은 임금에게 감사 인사를 하고 공중으로 사라진다. 홍길동을 잡으려 했지만 아무도 잡을 수 없었다.

궁궐을 나온 홍길동은 산수가 아름다운 율도국을 발견하고 요괴를 퇴치해 율도국 왕이 된다. 율도국은 홍길동이 꿈꾸던 이상적인 사회의 상징으로, 홍길동은 율도국에서 행복하게 잘 산다.

소설 속에서 홍길동은 다양한 능력을 지닌 인물로 그려진다. 도술을 부리고, 허수아비로 자신의 분신을 만들어 조선을 휘젓고 다니며, 축지법을 사용해 멀리 이동하는 등 뛰어난 능력을 발휘한다. 그럼에도 백성의 것을 탐내지 않고 백성들을 돕는다. 그는 민중의 소망을 실현하는 불패 영웅으로 자리 잡는다. 홍길동은 활빈당의 두목이 되고, 병조 판서를 거쳐 율도국 왕으로까지 올라가는 동안 결코 패배하거나 잡히지 않는다. 그는 가난하고 힘없는 백성의 소망을 대신 실현시키는 영웅이기 때문이다.

────────○ 소설 속 갈등(개인 대 사회의 갈등) ○────────

홍길동은 사회와 끊임없이 대립하는 인물이다. 서자로 태어나 벼슬길에도 오르지 못한다. 유교적 가치관으로 인해 호부호형도 하지 못한다. 홍길동이 벼슬에 오르지 못했다는 부분에서는 당시 유교적 이념이 철저했음을, 활빈당이 활약하는 부분에서는 당시 부패한 관리들 때문에 백성이 살기 어려웠음을 짐작할 수 있다.

이러한 끝없는 갈등 속에서도 홍길동은 활빈당을 만들어 탐관오리의 재산을 빼앗고 가난한 백성을 도왔을 뿐만 아니라 임금에게 적서 차별과 탐관오리의 문제점을 이야기했다. 조선을 떠나 율도국이라는 이상적인 나라를 세웠다는 점에서 전형적인 영웅이라고 볼 수 있다.

────────○ 영웅 일대기적 구성 ○────────

영웅들의 이야기를 다룬 소설을 영웅 소설이라고 하는데, 홍길동전도 영웅의 일대기와 유사한 구조를 띤다. 우선 주인공은 고귀한 혈통에서 기이하게 출생한다. 시련과 위기를 만나지만 비범한 능력을 지니고 태어난 데다 조력자를 만나 극복하고, 결국 위대한 업적을 이루며 승리한다.

홍길동은 판서의 아들로 태어나 총명하고 도술에 능했다. 그러나 서자로 태어나 자객에게 죽임을 당할 뻔 했다가 자객을 죽이고 도적 무리를 만나 도움을 받는다. 활빈당이라는 무리를 조직해 율도국의 왕이 된다.

홀길동전의 율도국은 허생전의 외딴 섬처럼 조선이라는 현실의 한계로 뜻을 이루지 못한 길동이 가는 곳으로 당시 봉건 사회라는 한계에서 새로운 대안이라는 의미를 갖고 있다. 그러나 율도국은 원래 이름이 있던 섬으로 홍길동은 그곳에 머물지만, 허생전의 외딴 섬은 이름도 없고, 허생은 자신의 이상을 다 실현하지 못하고 다시 그 섬을 나온다는 차이가 있다.

깊이 보고 넓게 읽기

심화활동	• 율도국에서 생길 문제를 생각하고 어떻게 해결할지 이야기 나눠 본다. • 작품 속에 등장하는 인물들의 상징적 의미를 분석해 본다. • 홍길동전 속 사회 문제가 현대 사회와 어떤 연관성이 있는지 친구들과 논의해 본다.
함께 읽기	• 박지원의 한문소설 (전국국어교사모임, 휴머니스트) • 꽃이 부서지는 봄 (한켠, 안전가옥) • 전우치전 (전상욱, 휴머니스트) • 유충렬전 (장경남, 휴머니스트) • 레미제라블 (빅토르 위고, 비룡소)

최성윤 교수와 함께 읽는 허생전 / 양반전

박지원 | 서연비람 | 2023

도서 분야 문학 > 한국 소설   **관련 과목** 국어, 역사

나를 장차 도둑놈으로 만들 작정인가

박지원 소설은 조선 시대 한문 소설의 흐름을 새롭게 정의한 작품들로, 이전의 권선징악적 주제와 평면적 인물 설정에서 벗어나 독창적인 특징을 지니고 있다. 전통적인 한문 소설은 대개 우연성과 비현실성을 강조하며, 무속 신앙, 유교, 불교 등의 종교적 요소를 두드러지게 드러내고, 행복한 결말로 마무리되는 경향이 있었으며 내용이 제한적이고 단조로웠다.

그러나 박지원은 실학사상에 기반을 두고, 이전의 소설들과 다른 방향으로 나아갔다. 그는 현실에서 소재를 찾아 사실주의적으로 서술해 보다 생동감 있고 깊이 있게 이야기를 전했다. 또, 양반 사회의 위선과 모순을 비판하며, 사회적 인식을 제고하기 위해 노력했다. 이런 날카로운 시대의식은 현대 사회를 살아가는 우리들에게도 의미가 있다.

《최성윤 교수와 함께 읽는 허생전/양반전》에는 연암 박지원의 한문 소설 중 《허생전》, 《호질》, 《양반전》, 《광문자전》, 《예덕선생전》, 《민옹전》, 《김신선전》, 《마장전》, 《열녀함양박씨전》이 수록됐다. 《허생전》, 《호질》, 《양반전》은 허구적 창작 요소가 강하게 드러나며 양반 사회와 기득권층을 비꼬았고, 뒤의 여섯 작품은 실제적 성격을 보이며 주류나 기득권과 거리가 먼 인물들을 등장시켰다. 그중 몇 작품만 소개한다.

《허생전》은 조선 시대 경제 체제에 대해 비판한다. 묵적골에 사는 허생은 십 년째 책만 읽으며 살다가 아내의 구박을 견디지 못해 집을 나선다. 그는 한양의 부자 변 씨에게 만 냥을 빌려 과일을 사들여 큰돈을 벌고, 이 돈으로 말총을 사들여 다시 큰돈을 모은다. 그가 무인도를 사서 도적들에게 재물을 제공하자 도적들이 머리를 조아린다. 허생은 도적들에게 소 한 마리와 여자를 데려오길 요청하고, 도적들은 다음 날 섬으로 들어간다. 도적이 사라지자 나라가 평화로워진다. 허생은 섬사람들에게 예의범절을 가르친 후 육지로 돌아간다. 허생은 변 씨에게 빌린 돈의 열 배를 갚고 두 사람은 친해진다. 변 씨는 이완에게 허생을 추천한다. 허생이 제시한 방법들을 이완이 거절하자 허생은 화를 내고 자취를 감춘다.

《호질》은 양반의 위선적인 삶과 부도덕함에 대해 비판한다. 호랑이가 배가 고파서 어떤 인간을 잡아먹을지 고민한다. 그 마을에는 학식이 뛰어나다고 소문난 북곽 선생과 절개로 명성이 자자한 동리자라는 여인이 있다. 그런데 이 두 사람이 몰래 만나는 장면을 동리자의 다섯 아들에게 들킨다. 북곽 선생은 자신이 드러나지 않도록 다리 사이에 머리를 끼우고 도망가다가 똥구덩이에 빠진다. 똥 냄새가 나는 북곽 선생이 호랑이를 만난다. 북곽 선생은 호랑이에게 머리를 조아리며 살려달라고 한다. 호랑이는 더러운 선비라고 탄식하면서 유학자의 위선과 아첨, 이중인격 등에 대해 꾸짖고 사라진다. 북곽 선생은 호랑이가 사라진 줄도 모르고 빌고 있었는데, 지나가던 농부가 이유를 묻자 기도하는 척 변명한다.

《양반전》은 양반 매매에 관한 이야기이다. 정선군에 사는 양반이 가난해 고을의 환자를 천 석이나 타 먹었는데 그것을 갚지 못하자 이웃의 부자가 '양반'이라는 벼슬을 사고 대신 빚을 갚아주기로 한다. 군수가 그 이야기를 듣고 양반 증서를 만들어 준다. 처음 군수가 만든 양반 증서는 지켜야 할 것이 너무 많았다. 문서 내용을 들은 부자가 양반이 신선 같다고 들었다며 이익이 있게 바꿔 달라고 한다. 군수는 다시 문서를 작성한다. 두 번째 문서에는 양반들의 횡포가 담겨 있었다. 부자는 증서를 중지시키고 혀를 내두르며 가버렸다. 부자는 다시는 양반이라는 말을 입에 올리지 않았다.

내용 이해 개념 쏙쏙

─────── **박지원이 살았던 18세기 후반** ───────

18세기 후반은 임진왜란과 병자호란을 겪으면서 백성들의 의식이 깨어나기 시작한 시기이다. 특히 글을 배우고, 경제적 여유를 갖춘 중인들이 등장하면서 우리의 고유한 삶과 문화를 드러내려고 했다. 이들은 정치에서 소외된 남인 선비들, 평민 등과 함께 형제처럼 평등하다는 천주교의 가르침을 퍼뜨리며 사회적 변화를 이끌었다.

이러한 시대적 배경에 박지원은 임금을 주인으로 삼고 양반이 임금을 도우며 살아가는 세상을 확립하려 했다. 그는 선비와 양반이 제대로 공부하고 올바르게 살아간다면 사회의 여러 문제들을 잠재울 수 있다고 믿었다. 박지원은 양반 계급의 비판과 풍자를 통해 그들의 의식을 일깨우고, 도덕적 책임을 강조했다. 그의 비판은 양반 계급을 더욱 단단하게 하기 위한 것이었다.

─────── **조선을 개혁하려 한 실학** ───────

조선 시대의 사농공상은 신분과 직업을 구분한 제도로, 선비, 농민, 장인, 상인으로 나뉘었다. 양반인 선비가 가장 높은 지위를 차지했고, 상인은 무시당하는 경향이 있었다. 임진왜란과 병자호란 이후 조선이 약화되고, 실학의 필요성이 대두되었다. 정조는 실학으로 사회를 개혁하려 했고, 정약용, 이덕무 같은 실학자들과 수원 화성을 건설하며 실학을 실현했다.

하지만 정조의 죽음 이후 실학은 힘을 잃었고, 권력자들은 이를 반대했다. 실학자들은 조선의 본모습을 알리고, 자연과 문화를 기록해 백성의 삶을 개선하고자 했다. 이중환의 '택리지'와 김정호의 '대동여지도'는 이러한 실학자들의 노력이 담긴 결과물이다. 비록 역사적으로 실학은 실패했지만, 그 사상은 이어져 조선 변화의 밑거름이 되었다.

 깊이 보고 넓게 읽기

심화활동	• 박지원이 살았던 시대를 찾아보고, 어떤 의도로 작품을 썼는지 생각해 본다. • <허생전>은 허생이 자취를 감추는 미완결 구조로 끝나는데, 그 의미를 알아본다. • <호질>처럼 현대에도 위선적인 행동으로 비판 대상이 된 인물이 있는지 조사한다.
함께 읽기	• 홍길동전 (권순긍, 휴머니스트) • 가짜 모범생 (손현주, 특별한 서재) • 너만 모르는 진실 (김하연, 특별한 서재) • 순례주택 (유은실, 비룡소) • 클로버 (나혜림, 창비)

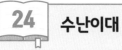

수난이대

하근찬 | 사피엔스21 | 2012

도서 분야 문학 > 한국 소설　　　　**관련 과목** 국어, 역사, 도덕

가슴 아픈 역사의 반복

문학 작품 중엔 역사적 상황, 사회 문화, 제도, 생활상 등이 잘 드러난 작품이 있다. 《수난이대》는 그런 관점에서 감상해볼 수 있는 작품이다.

진수가 돌아온다. 일제 징용에 끌려갔다가 팔을 잃고 귀향해 살고 있는 박만도는 삼대독자인 아들 진수가 6.25 전쟁에서 돌아온다는 통지를 받고 마음이 들떴다. 만도는 반가운 마음으로 고등어 한 손을 사 들고 일찌감치 역으로 마중을 나간다.

만도는 진수를 기다리며 과거의 기억을 떠올린다. 일제강점기 때 강제 징용을 나가 공습을 피해 다이너마이트를 장치한 굴에 들어갔다가 팔을 잃었다. 아들이 자신 같은 장애인이 되지 않기를 바란다. 역에서 한참 기다렸지만 진수가 얼른 나타나지 않자 걱정하기 시작한다. 한쪽 다리를 잃은 상이군인이 만도를 지나갔지만 진수는 보이지 않는다.

그러다 뒤에서 아들 진수가 "아부지" 하고 부르는 소리에 뒤돌아본다. 만도의 눈앞에 수류탄에 한 쪽 다리를 잃고 목발을 짚은 진수가 서 있었다. 아들의 모습을 보고 만도는 분노 반 안타까움 반으로 "에라이 이놈아!"라고 벌컥 소리치고는 쌩 가버린다. 그렇지만 외다리 아들이 쩔뚝거리며 뒤처지는 것도 걱정되고 충격이 가라앉자 중간에 들른 주막에서 자신은 술을 마시고 진수에게는 국수를 먹이고 더 먹으라고 권하기도 한다.

돌아오는 길에 만도는 진수에게 자초지종을 묻는다. 진수는 수류탄 쪼가리에 맞아 그렇게 되었다고 답한다. 아들 진수는 이런 꼴로 어떻게 살아야 할지 아버지에게 하소연한다. 만도는 진수에게 자신의 팔 한쪽을 보여주며 남이 보기에 좀 덜 좋아서 그렇지 나처럼 팔 하나 없어도 잘 살수 있다며 서로 팔이 되고 다리가 되어 살아가자고 격려한다.

집으로 돌아오는 길에 외나무다리를 만난다. 이에 만도가 진수에게 자신의 등에 업히라고 한다. 진수는 아버지가 들고 있던 고등어를 들고 아버지에게 업힌다. 만도는 술기운에 비틀거리며 외나무다리를 천천히 건넌다. 속으로 서로를 걱정하는 만도와 진수를 용머릿재 고개가 내려다본다.

이 외에도 《흰 종이수염》, 《나룻배 이야기》, 《왕룽과 주둔군》이 수록됐다. 《흰 종이수염》에는 사친회비를 내지 못해 학교에서 쫓겨난 동길이가 나온다. 동길이가 집에 오자 그토록 기다리던 아버지가 돌아와 있었다. 동길은 아버지의 오른팔이 없는 것을 보고 놀란다. 아버지는 목수였지만 전쟁에서 한쪽 팔을 잃어 목공소에서 일할 수 없는 상태다. 아버지는 동길에게 사친회비는 걱정하지 말고 공부하라고 한다. 동길은 종이수염을 만드는 아버지를 돕는다. 학교를 마치고 나온 동길은 길에서 광대 분장으로 극장 광고판을 몸에 달고 있는 아버지를 발견한다. 창식이 흰 종이수염을 건드리며 놀리는 광경을 본 동길은 창식을 때린다.

《나룻배 이야기》에서 사공 삼바우 영감의 아들 용팔이, 천달, 두칠이는 전쟁에 나가기 위해 나룻배를 타고 떠난다. 그 사이 순녀는 아들 대열이를 출산하지만 세 사람은 소식이 없다. 모량댁은 두칠이의 이름을 부르며 세상을 떠나고 동식이와 수만이도 징집된다. 두칠이가 돌아오지만 전쟁 중 지뢰로 눈과 팔을 잃었다. 천달이의 죽음이 전해진 후, 삼바우는 읍에서 징집영장을 들고 오는 사람들을 보고 그들을 나룻배에 태워주지 않기로 결심하고 혼자 마을로 돌아온다. 스스로 그런 용기가 있었나 놀랍기도 했지만 차츰 술이 깨는 듯 으스스 떨렸다.

──────── 비극적인 시대 ────────

만도는 일제강점기 때 징용으로 끌려가 한쪽 팔을 잃었다. 해방되고 비극이 끝난 줄 알았으나 6.25 전쟁이 발발한다. 만도의 아들 진수는 6.25 전쟁에 나가서 한쪽 다리를 잃는다. 2대에 걸쳐서 수난을 겪는 것이다. 이렇게 《수난이대》는 일제강점기와 6.25를 거치면서 아버지와 아들이 겪은 가족사적 비극을 통해 우리 민족의 수난사를 고발한다. 부자의 비극은 사회에서 일방적으로 주어진 고통이며 책임질 사람은 아무도 없다.

하지만 그들은 상황에 좌절하거나 절망하지 않는다. 팔을 잃은 만도와 다리를 잃은 진수가 업고 업히며 외나무다리를 건너가듯이 우리 민족은 주어진 현실에 좌절하지 않고 어떻게든 버티고 이겨내려 했다. 물론 용머릿재라는 높고 험한 고개가 버티고 있었던 것처럼 현실은 쉽지 않겠지만 힘을 합해 개척할 것이다.

──────── 문학 작품을 읽는 관점 ────────

문학 작품을 감상할 때는 문학 작품만을 살펴보는 관점과 문학 작품 외의 것을 살펴보는 두 가지 관점이 있다. 문학 작품만을 살펴보는 관점을 내재적 관점, 작품 외의 것을 살펴보는 관점을 외재적 관점이라고 한다.

내재적 관점은 작품 내의 요소들을 분석하는 방법으로 문학 작품에 쓰인 여러 표현법, 수사법, 등장인물의 성격이나 갈등, 이야기를 전개하는 화자처럼 작품 내에 등장한 것을 분석하는 방식이다. 작품 자체에 주목하기 때문에 절대주의적 관점, 구조론적 관점이라고도 한다.

외재적 관점은 작품 밖의 요소들을 분석하는 방법으로 문학 작품이 쓰였을 당시의 사회상, 작가의 의도, 작가의 가치관과 세계관, 문학 작품이 독자에게 미칠 영향처럼 작품 밖에서 접할 수 있는 것들을 분석하는 방식이다.

깊이 보고 넓게 읽기

심화활동	• 마지막 장면에서 부자가 외나무다리를 건너는 장면의 상징적 의미를 생각해 본다. • 일제강점기와 6.25 전쟁이 일어났던 당시의 시대 상황에 대해 조사한다. • 아들에 대한 사랑, 시련과 고난의 현실을 상징하는 소재를 찾아 정리해 본다.
함께 읽기	• 비 오는 날 (손창섭, 사피엔스21) • 꺼삐딴 리 (전광용, 사피엔스21) • 조선 판타스틱 잉글리시 (신현수, 미래인) • 사랑을 무게로 안 느끼게 (박완서, 세계사) • 나는 복어 (문경민, 문학동네)

25 동물농장

조지 오웰 | 민음사 | 2001

도서 분야 문학 > 외국 소설 　　　**관련 과목** 사회, 국어

누가 돼지이고, 누가 사람인가

사회와 권력이 있는 한
《동물농장》 같은 일은 어디서나
일어날 수 있어. 조심하자.

《동물농장》은 동물들의 모습을 통해 공산주의 체제를 날카롭게 비판하는 대표적인 풍자소설이다. 권력이 어떻게 부패하는지, 권력을 손에 넣고자 하는 욕망이 어떻게 원칙과 이상을 흐리게 만드는지 보여준다. 특히 '모든 동물은 평등하다. 그러나 어떤 동물은 다른 동물보다 더욱 평등하다'는 문장은 부패의 본질을 대변한다. 오늘날에도 비슷한 문제가 끊임없이 나타나고 있어 꾸준한 성찰과 경계의 중요성을 일깨운다.

매너 농장에는 여러 동물이 함께 살고 있다. 어느 날 메이저가 모든 동물을 불렀다. 메이저는 인간이 있어서 굶주리고 자유를 억압받는다며 인간을 쫓아내, 동물들이 더 많은 것을 누리며 자유를 가지자고 이야기한다. 사흘 후, 늙은 메이저는 숨을 거두었다.

동물들은 메이저의 말에 깊은 인상을 받는다. 어느 날 동물들에게 먹을거리가 제공되지 않는 이 일을 계기로 힘을 모아 농장 주인인 존스 씨를 포함한 농장의 일꾼들을 쫓아내고 농장을 차지한다.

농장의 주인이 된 동물들은 스스로 동물위원회를 만들어 규칙을 세우고 역할을 분배하며 농장을 경영한다. 첫째, 무엇이든 두 발로 걷는 것은 적이다. 둘째, 무엇이든 네 발로 걷거나 날개를 가진 것은 친구다. 셋째, 어떤 동물도 옷을 입어서는 안 된다. 넷째, 어떤 동물도 침대에서 자선 안 된다. 다섯째, 어떤 동물도 술을 마시면 안 된다. 여섯째, 어떤 동물도 다른 동물을 죽여선 안 된다. 일곱째, 모든 동물은 평등하다.

하지만 동물들은 글을 읽을 줄 모르고 기억력도 나빠서 농장의 초기 운영은 똑똑한 돼지들에게 위임되었다. 동물들은 돼지 무리의 리더였던 나폴레옹과 스노볼이 주축이 되어 농장을 운영했다. 처음에는 농장 운영이 잘되었으나 돼지들이 점점 자신들에게 유리하게 규칙을 수정한다. 우유는 돼지들의 사료로 사라지고, 과수원의 사과는 돼지들의 차지가 되었다.

존스 씨는 다른 사람들과 농장을 다시 찾으려 했으나 동물들이 힘을 합해 그들을 쫓아냈다. 스노볼과 마찰을 빚던 나폴레옹은 자신이 새끼 때부터 길렀던 개를 이용해 스노볼을 쫓아내고 스퀼러와 함께 권력을 독차지한다. 스퀼러는 기억력이 나쁜 동물들에게 진실을 잊게 하고, 나폴레옹의 좋은 점만 부각시킨다. 동물들은 나폴레옹을 자신들의 농장을 지켜주는 영웅으로 생각하며 나폴레옹은 언제나 옳다는 규칙이 하나 늘어났다.

나폴레옹은 원래 스노볼이 계획했던 풍차 건립을 자신의 계획으로 바꾸어 동물들을 꼬드겨 가혹한 노동을 강요한다. 나폴레옹과 함께 권력을 얻은 돼지들은 게을러졌고, 권력에 도전하는 동물은 첩자로 몰았다. 동물들은 열심히 풍차를 만들었다. 그 사이 여섯째는 어떤 동물도 '이유 없이' 죽여서는 안 된다고 바뀌었고, 다섯째는 어떤 동물도 술을 '너무 지나치게' 마시면 안 된다고 바뀌었다.

당나귀 벤자민은 그런 돼지들의 모습을 지켜보기만 한다. 글은 읽지 못하지만 힘이 센 말인 복서는 묵묵히 최선을 다했다. 돼지들은 무리하게 복서에게 일을 시켰고, 복서는 결국 병을 얻어 더 이상 일할 수 없게 되었다. 나폴레옹은 복서를 치료해 준다며 복서를 병원으로 보냈지만 글을 읽을 줄 알던 벤자민만이 복서가 도살장으로 끌려간다는 걸 알고 분노한다.

여러 해가 지나자 많은 동물이 죽고 새 식구가 불었다. 동물들의 규칙은 하나둘 변질됐다. 돼지들은 침대에서 잠을 자고, 옷을 입으며, 인간들과 술을 마시고, 심지어 두 발로 걷기까지 한다. 일곱째는 '하지만 어떤 동물은 다른 동물들보다 더 평등하다'라는 문구가 추가된다. 이제는 인간이 지배하던 시절의 농장과 다를 바 없었다. 동물들은 누가 돼지이고 누가 인간인지 구별할 수 없었다.

내용 이해 개념 쏙쏙

—————————— 풍자 ——————————

풍자는 사실을 그대로 드러내지 않고 과장하거나 왜곡, 비꼬아서 웃음을 유발하여 부정적 현상이나 인간의 결점, 모순 등을 비판하는 표현 방식이다. 이렇게 부정적 대상을 비판함으로써 독자에게 쾌감을 주며 작가의 의도를 전달한다.

—————————— 권력의 부패 ——————————

소설의 시작은 매우 평화롭다. 농장의 동물들은 잔인하고 나태한 주인에게서 벗어나기 위해 폭동을 일으킨다. 그들의 순수한 욕망인 자유와 평등을 찾기 위한 도전이었다. 그들은 '동물주의'라는 이상적인 체제 아래에서 살기로 한다. 시간이 흐르면서 돼지들이 권력의 유혹에 빠져든다. 원칙과 달리 돼지들만의 특권을 만들고 다른 동물들과 차이를 둔다.

—————————— 부패한 권력을 견제하는 힘 ——————————

부패한 지도층은 잘못이 있다. 하지만 사람이 이기적인 존재라는 점도 잊지 말아야 한다. 누군가 사과 99개를 갖고 있으면 1개를 빼앗아 100개를 채우고 싶어 하는 것이 인간 본성이다. 이러한 욕망은 권력의 부패를 부추길 수 있다.

문제는 시민들이 복서처럼 순응하는 태도를 보일 때 발생한다. 시민들이 부패에 순응하면 잘못을 바로잡기 어렵게 만들고, 그들의 잘못을 감추거나 정당화할 기회를 얻는다. 시민들은 깨어 있어야 한다. 옳고 그름을 판단하고 문제를 제기할 수 있어야 부패한 권력에 맞서 싸울 수 있다. 권력자의 잘못을 보고 침묵한다면, 그들은 더 많은 권력을 쥘 것이고 시민들은 그들의 지배를 당연하게 받아들이게 된다. 시민들이 적극적으로 목소리를 내고 행동할 때 부패한 권력을 견제할 수 있다. 이러한 시민의식이 건강한 사회의 초석이 된다.

깊이 보고 넓게 읽기

 심화활동	• 시대 배경을 조사하고 각 동물이 어떤 인물을 상징하는지 비교해 본다. • 인상 깊은 구절을 찾고, 그 구절에 대한 자신의 생각을 작성해 본다. • 권력이 어떻게 부패하는지를 주제로 친구들과 토론해 본다.
 함께 읽기	• 사피엔스 (유발 하라리, 김영사) • 총균쇠 (재레드 다이아몬드, 김영사) • 1984 (조지 오웰, 민음사) • 데미안 (헤르만 헤세, 민음사) • 멋진 신세계 (올더스 헉슬리, 소담출판사)

2교시

비문학

26 이토록 공부가 재미있어지는 순간

박성혁 | 다산북스 | 2023

도서 분야 자기관리, 진로   **관련 과목** 진로

공부는 마음이 하는 것

"공부하려고 하면 자꾸 딴생각이 들어요" "공부 잘하는 애들 보면 부럽지만, 공부를 어떻게 해야 할지 모르겠어요" 많은 시간을 투자해 공부하면 공부를 잘한다는 사실을 누구나 알 것이다. 하지만, 이런저런 이유로 책상 앞에 앉기가 힘들다. 마음이 서질 않았기 때문이다. 저자는 공부는 마음먹기에 달려 있다고 말한다. 결심하고 포기하지 않겠다는 마음으로 내 마음을 다스리면 공부하고 싶은 마음이 든다고 조언한다.

《이토록 공부가 재미있어지는 순간》은 저자의 자전적 이야기이다. 주변이 논밭으로 둘러싸인 전라남도 시골 출신의 저자는 어릴 때 도통 공부에 흥미가 없었다. 흔한 영어, 수학 학원 하나 없는 곳에서 노는 게 좋았다. 열 다섯 살까지도 게임, 웹툰 등에 빠져 공부나 인생에 대한 태도가 유치원 수준이었다.

그러다가 불현듯 '난 지금 뭐하고 있는 거지?'라는 생각이 들었고 진지하게 삶에 대해 고민했다. 그리고 '나 해볼래!'라는 마음가짐 하나로 게임을 끊고 공부에 몰입했다. 유혹이 밀려와도 포기하지 않겠노라 다짐하고 충실하게 하루하루를 채워 나갔다. 공부하며 성취감을 느끼고 재미를 알게 되었다. 늦었다고 후회하기보다 '충분히 할 수 있어!'라는 마음이 결국 서울대 법대, 연세대 경영대, 동신대 한의대 동시 합격의 성취를 얻게 했다.

다른 친구와의 비교 속에서 공부의 목적을 찾고 있었다면 이 책을 통해 내 안에서 공부해야 하는 진짜 이유를 발견할 수 있을 것이다. 공부는 나 자신의 미래를 준비하고 인생을 참되게 살아가는 데 필요한 존재이다. 성공이 아닌 성장에 초점을 두고 해야 하는 것이다. 공부의 진짜 의미를 찾는다면 지식을 쌓는 즐거움, 목표를 이뤄가는 성취감을 느낄 수 있다. 공부가 즐거움이 되는 순간을 경험하며 꿈에 한 발 더 다가갈 수 있다.

굳은 마음을 먹고 공부를 통해 영혼이 강한 사람이 되어가는 저자의 과정에 공감해 보자. 잭 런던, 소피 제르맹, 프레더릭 더글러스, 이우근 등 성공한 사람들의 공부할 기회를 찾은 사례를 살펴보자. 더불어 저자가 제안하는 '공부할 마음 있는 놈들의 7가지 습관', '오늘 하루를 가장 공부하기 좋은 날로 만드는 비법', '불평불만을 없애는 생각법'도 공부 마음을 다잡는 데 도움이 될 것이다.

이 책은 2015년 출간 이후 50만 부 이상이 판매되며 청소년들 사이에 공부 동기를 올려주는 책으로 사랑받고 있다. '공부해라!'라는 강요만 있는 책이라면, 많은 사람에게 공감을 얻지 못했을 것이다. 저자는 공부하고자 하는 굳은 마음을 지니고, 공부에 대한 재미를 느껴야 한다며 공부의 본질에 대해 말한다. 책 속에서 '공부란 이런 것이구나!'를 깨닫고 나름의 공부해야 할 이유를 찾길 바란다.

───────── 공부의 본질 ─────────

공부는 단순히 지식을 쌓는 일이 아니다. '나'라는 사람이 어떤 사람인지 알게 하며, 영혼을 키우는 일이다. 귀한 나에게 기회를 주는 일이며 한 번뿐인 인생을 값지게 살아가게 하는 일이다. 공부는 머리가 아닌 마음으로 하는 것이다. 나를 성장시키기 위해서 공부의 필요성을 느낀다면, 누가 시키지 않아도 스스로 공부하며 공부의 재미를 느낄 수 있다.

───────── 온전한 마음으로 공부하는 법 ─────────

공부에 도통 집중이 안 될 때 다음의 방법을 따라 하며 집중해 보자. 첫째, 내 호흡을 알아차린다. 허리와 등을 곧게 펴고 천천히 깊게 호흡하며 내 호흡을 묵묵히 느껴본다. 잡념이 없어지고 상쾌한 기분이 들 것이다. 둘째, 스트레스에서 한 발짝 떨어진다. 마음속에 스트레스 풍선이 있다고 가정하자. 풍선에 담겨 있는 스트레스를 품속에 꼭 껴안으며 터뜨리는 상상을 한다. 억누르는 스트레스가 사라짐을 느낀다.

셋째, 머릿속을 흐르는 물에 씻는다고 생각한다. 잡념이나 더러운 감정을 물속에 살살 흔들어 씻는다고 상상한다. 맑은 기운과 깨끗한 뇌로 공부에 임할 수 있을 것이다. 넷째, 배 위에 지구를 올려놓았다고 상상한다. 돌멩이를 배 위에 올려놓고 점점 무거워진다고 생각한다. 마지막엔 거대한 지구가 있다고 느끼다가 돌멩이를 내린다. 한결 가벼운 마음으로 공부에 몰입할 수 있다. 잡념을 없애며 명상으로 자기 마음을 조절한다. 공부 몰입을 경험한다.

존 드라이든은 '나는 습관을 만들지만, 습관은 나를 만든다'라고 말했다. 공부할 마음을 실천으로 이끌어가는 것은 좋은 습관이다. 작은 습관부터 시작해 한번 습관을 들여놓으면 시간이 갈수록 큰 힘을 들이지 않아도 좋은 행동을 연이어서 하게 된다. 다음 습관의 구체적인 내용을 책에서 확인하자.

1. 수직으로 꼿꼿하게 앉는다.
2. 한 번에 한 가지 일에만 몰입한다.
3. 겉모양이 아닌 알맹이에 집중한다.
4. 'VIP석'은 뺏어서라도 차지한다.
5. 좀처럼 감기에 걸리지 않는다.
6. 쉬는 시간을 통해 에너지를 충전한다.
7. 정신상태를 정리 정돈으로 증명한다.

깊이 보고 넓게 읽기

심화활동	• 공부해야 하는 이유에 관해 토의한다. • 21일 동안 습관 프로젝트를 통해 나쁜 습관을 개선하고 좋은 습관을 형성한다. • 이 책의 서평을 쓰고, 공부에 대한 나의 마음가짐을 설정한다.
함께 읽기	• 공부가 설렘이 되는 순간 (조승우, 포레스트북스) • 공부하고 있다는 착각 (대니얼 T. 윌링햄, 웅진지식하우스) • NEW! 중학생 공부법의 모든 것 (백정은, 꿈결) • 서울대생의 비밀과외 (안소린, 다산에듀) • 최적의 공부 뇌 (이케가야 유지, 포레스트북스)

27 14살부터 시작하는 나의 첫 진로 수업

학연플러스 편집부 | 뜨인돌 | 2021

도서 분야 자기관리, 진로   **관련 과목** 진로

하고 싶고 일을 찾아서

꿈이 있는가? 보통 하고 싶은 일, 좋아하는 일을 해야 한다고 어른들은 말한다. 하지만, 막상 '꿈은 무엇이지?'라며 질문하면 선뜻 대답하기 어렵다. 우스갯소리인지, 진심인지, "꿈은 없고, 돈 많은 백수가 되고 싶어요"라고 대답한다.

좋아하는 일을 찾는 것은 막막한 일이다. 일을 왜 해야 하는지도 모르겠고, 내 미래를 어떻게 꾸려 나가야 할지 불안하기만 하다. 그렇다고 부모님이 원하는 직업이나 진로를 갖자니 썩 내키지 않는다. 잘하고 좋아하는 일을 찾고 싶은데, 어디서부터 시작해야 할지 답답하다.

이 책은 진로를 막연하게 생각하는 청소년들에게 꿈을 찾는 현실적인 방법을 알려준다. 챕터 도입부에는 하고 싶은 게 없어 고민인 중학교 2학년생 '하야토'의 이야기가 만화로 그려진다. 이후 진로 계발에 필요한 정보를 그림과 함께 설명한다. 마지막 부분에는 다양한 직업군의 생생한 목소리를 담아 진로 탐색에 도움을 주고 있다.

미래의 나는 어떤 일을 하고 있을까? 상상해보자. 잘 떠오르지 않는다면 좋아하는 것이 무엇인지 관찰한다. '운동을 좋아한다, 음악 감상을 좋아한다, 친구에게 가르쳐주는 것을 좋아한다' 등 사람은 저마다 좋아하는 것이 있다. 좋아하는 것들이 있다면, 그것과 함께 연상되는 직업을 조사한다. 좋아하는 것이 하나가 아니라 여러 개일 수 있기에, 꿈도 여러 개일 수 있다.

아직 좋아하는 일도, 하고 싶은 일도 찾지 못했더라도 괜찮다. 청소년들은 아직 성장 과정에 있다. 나이가 들수록 세상의 구조를 이해하고 경험의 범위가 넓어진다. 성장하면서 세상에서 스스로 할 수 있는 일들을 차츰 늘리며 천천히 꿈을 찾아도 문제가 되지 않는다. 다만, 하고 싶은 일을 발견하고자 하는 의지를 갖고 미래를 고민하며, 필요한 경우 관련 직업을 조사할 필요는 있다. 꿈을 찾는 데 늦을 때란 없다는 사실을 기억하자.

자신에게 맞는 일은 누가 대신 찾아줄 수 없다. 적극적으로 자신의 장단점을 찾고 직업이나 진로에 관해서도 정보를 수집한다. 실패를 관대하게 대하며, 끊임없이 배우려는 자세를 장착한다. 주어진 일에 책임 의식을 가지고 의욕적으로 해내야 한다. 감사하고 배려하는 마음으로 일을 처리하고 어려운 일에는 도움의 손길을 뻗을 줄도 알아야 한다. 새로운 것에 주저하지 말고 호기심에서 출발해 경험의 기회를 지닌다. 한번 시작한 일을 끝까지 지속하며 자신에게 의미 있는 일이 무엇인지 찾을 수 있다.

책을 통해 답답했던 진로에 대한 고민을 털어보자. '내 인생을 책임질 사람은 나뿐이다'라는 사실을 깨닫고 미래를 개척하길 바란다. 무엇을 해야 할지 몰라 회피만 한다면, 어떤 결과도 얻지 못할 것이다. 즐거운 인생을 위해서, 더 나은 자신을 위해서 적극적으로 행동해야 한다.

내용 이해 개념 쏙쏙

───────────────── 일하는 이유 ─────────────────

사람은 혼자서는 살지 못한다. 서로 도우며 사회를 이루고 산다. 아침 밥상에 올라온 콩나물, 접시, 물컵은 누군가가 일하여 생산한 것들이다. 버스를 타고 여행을 갈 때도, 몸이 아파 병원에 가서도 다른 사람의 도움을 받음으로써 일상생활이 가능하다. 누군가에게 도움 되는 일이 곧 직업이다. 사회에는 다양한 직업이 존재하며 사람들은 일하는 행위를 통해 도움이 필요한 곳에 능력을 기여한다. 일을 통해 바람직한 사회 일원이 된다.

공부하는 이유

공부는 자발적으로 하는 공부와 학교 공부로 나누어 볼 수 있다. 자발적으로 하는 공부는 누가 시키지 않아도 필요에 의해서 하는 공부이다. 학교 공부는 의무 교육으로 우리나라 국민이라면 교육 과정 안에서 누구나 똑같은 내용을 배운다. 자발적으로 하는 공부와 비교해 학교 공부는 강요로 하는 공부처럼 느껴진다. 억지로 하는 공부 같아서 쓸모없어 보이지만, 실상은 그렇지 않다.

학교 공부에서 배운 내용은 사회로 나오기 위한 기초 지식이다. 직접적인 연관이 없는 것처럼 보이지만, 사회 구성원으로 살아가며 학교에서 배운 지식과 사고방식이 활용된다. 학교 공부는 진로 선택의 폭을 넓혀 준다. 초등학교, 중학교에서 배운 내용이 고등학교로 이어지고, 대학 입시에도 나오기 때문이다. 학교 공부를 하며 얻은 자신감과 성취감은 무형의 자산으로 가치관 형성에도 영향을 미친다.

좋은 우연을 만드는 다섯 가지 방법

인생은 우연의 연속이다. 이 우연을 어떻게 활용하느냐에 따라 일이 잘 풀리는 사람과 그렇지 않은 사람으로 나뉜다. 미국 스탠퍼드 대학의 존 크럼볼츠 교수는 '개인의 커리어 중 80%는 예기치 못한 우연으로 정해진다'고 말했다. 그러면서 '계획된 우연'을 주장했는데, 좋은 생활방식을 가진 사람은 우연을 기회로 만든다는 의미이다. 계획된 우연을 실천하는 사람이 되기 위해서는 다음의 다섯 가지 행동 요소가 필요하다고 말했다.

첫째, 호기심이다. 새로운 일에 흥미를 느끼는 자세이다.
둘째, 지속성이다. 실패하거나 불만족한 상황에도
　　　더 큰 목표를 위해 인내하는 태도이다.
셋째, 유연성이다. 상황에 따라 과도한 집착에서 벗어나 변화를
　　　추구하는 태도이다.
넷째, 낙관성이다. 원하는 결과가 나오지 않더라도 긍정적으로
　　　생각하는 태도이다.
다섯째, 모험심이다. 위험을 감수하더라고 흥미 있는 일에
　　　용기 있게 도전하는 태도이다.

호기심, 지속성, 유연성, 낙관성, 모험심을 갖추며 우연이 자신의 삶에 긍정적인 영향을 미치도록 노력한다.

깊이 보고 넓게 읽기

심화활동	• 하고 싶은 일에 재미를 느꼈던 순간에 대해 에세이를 작성한다. • 좋아하는 것을 찾고, 왜 좋아하는지 깊이 생각하며 자신을 탐색한다. • 직업을 정할 때 주의해야 할 점에 관해 토론한다.
함께 읽기	• 10대를 위한 완벽한 진로 공부법 (앤디 림 외, 체인지업) • 10대가 알아야 할 미래 직업의 이동 (박종서 외, 한스미디어) • 이런 진로는 처음이야 (이찬, 21세기북스) • 하고 싶은 것이 뭔지 모르는 10대에게 (김원배, 애플북스) • 세상을 바꾼 10대들, 그들은 무엇이 달랐을까 (정학경, 미디어숲)

도서 분야 자기관리, 진로　　　　　관련 과목 진로

재능보다 노력, 끈기의 힘

공부를 잘하는 것은 유전과 노력 중 어느 쪽의 영향이 클까? 똑똑한 부모를 만나서 태어날 때부터 좋은 머리를 가졌기 때문에 공부를 잘할까? 어차피 상위권은 재능 있는 애들이 차지하니까 노력은 의미없다고 생각할지도 모르겠다. 그러나 《10대를 위한 그릿》은 '중요한 건 재능이 아니라 노력이다'라고 말한다. 성공한 사람 그 누구도 노력이 없었다면 정상의 자리에 오를 수 없었다고 주장한다.

저자는 영국의 탁구 국가 대표 선수이다. 책은 저자가 처음 탁구를 접했을 때 가졌던 두 가지 마음가짐으로부터 시작한다. '난 탁구에 소질이 없어'라는 마음과 '노력하면 조금이라도 나아질 거야'라는 마음이다. 저자는 자신이 세계 최고 자리에 올라 금메달을 따는 순간까지 저절로 이루어진 것은 없으며 끈기와 열정이 있었기에 가능했다고 말한다.

노력하는 끈기, 투지, 집념, 열정을 '그릿(Grit)'이라고 부른다. 성공하는 사람들의 공통점은 천부적 소질이 아니라 재능을 뛰어넘는 열정과 끈기였다. 그릿이 있는 사람들은 실패를 두려워하지 않고 포기하고 싶을 때 다시 일어서며 끝까지 해낸다. 평범한 사람이 꿈을 현실로 만들 힘은 그릿에 달려 있다.

책에는 저자의 성공담과 함께 아기 때부터 골프장에서 살다시피 한 타이거 우즈, 매일 테니스공 550개를 치며 연습했던 비너스와 세레나, 빈털터리로 소설을 쓰고 12번의 퇴짜를 맞아도 포기하지 않은 J.K. 롤링 등 성공한 사람의 사례를 보여준다. 실패를 통해 강한 의지를 세우고 인내와 노력으로 탁월한 성과를 낼 수 있음을 밝힌다.

그릿을 키우기 위해서는 성장형 사고방식을 갖추어야 한다. 뭘 해도 재능 탓으로 돌리는 꽉 막힌 사고방식이 아닌, '나는 앞으로 탁월해질 거야' 라는 믿음으로 긍정적인 태도와 자신감, 열린 마음을 가져야 한다. 수천 번의 실수와 실패에도 자신의 한계에 도전하는 태도를 지녀야 한다. 노력을 많이 하고, 끊임없는 연습으로 꿈을 위해 집념을 이어가야 한다.

보통의 사람이 될 것인지, 탁월한 사람이 될 것인지는 '그릿'에 달려 있다. 조금만 힘들어도 포기해 버리는 사람이 될 것인가, 목표를 향해 끝까지 달리는 사람이 될 것인가? 그 갈림길에서 여러분이 어떤 선택을 하느냐에 따라 꿈의 실현 가능성은 달라진다.

자신이 원하는 미래를 그리며 목표를 세우고 그릿을 하나둘 실천하길 바란다. 책에서 저자가 제안한 다음의 성장형 사고방식을 부르는 주문을 외우며 기적을 만들어보자.

'나는 열심히 연습하여 좋은 결과를 낼 수 있다.'
'나는 끝까지 매달려 마침내 성과를 낼 것이다.'
'나는 긍정적으로 생각하고 기쁘게 연습을 즐긴다.'
'나는 내가 정말 자랑스럽다.'

그릿이 가득한 뇌 만들기

그릿은 어떤 고난도 견뎌내는 끈기, 집념, 투지, 열정, 노력 등을 말한다. 우리의 뇌는 정신의 근육과도 같다. 뇌는 경험에 따라 신경 경로를 만들고 더욱 강화시킨다. 운동을 꾸준히 하면 근육이 생기는 것처럼 긍정적이고 좋은 방향으로 뇌를 단련하면 잠재력을 최대한으로 끌어올리는 뇌가 된다. 태어나자마자 천재적인 뇌가 있는 것이 아니다. 오랜 기간의 반복과 연습을 통해 원하는 뇌로 만들 수 있다.

수학을 잘하고 싶다면 수학 공부를 포기하지 말고 부단히 파고들어야 한다. 어려우면 어려울수록 뇌 근육은 단단해지며 수학을 잘하는 뇌로 변한다. 그릿이 가득한 뇌를 만드는 방법은 간단하다. 첫째, 연습일지를 쓴다. 목표를 쓰고 달성 정도를 파악 후 고칠 점을 찾아 새로운 달성 목표를 쓴다. 둘째, 과정과 결과를 영상이나 기록물로 남긴다. 이를 통해 그릿이 가득한 뇌를 만들 수 있을 것이다.

고정형 사고방식 vs 성장형 사고방식

고정형 사고방식에 갇히면 탁월한 성과를 내는 사람들을 보며 푸념을 늘어놓는다. 사람의 능력은 선천적이라고 믿으며 자기 능력은 고정되었다고 생각한다. 어려운 과제를 선택하지 않고 안정성을 추구한다. 실패를 피하려 하고, 실패의 이유를 자신의 재능 부족으로 돌린다. 성장형 사고방식은 열심히 노력하면 좋은 결과를 낼 수 있다는 마인드다. 자신의 능력과 노력을 통한 성장을 믿는다. 실패나 실수를 배움의 기회로 삼고 어려운 과제도 기꺼이 뛰어든다. 훈련과 연습을 통해 끊임없는 성장을 추구하고 더 나은 사람이 되려고 노력한다.

--------------------- 한계 이득 실천법 ---------------------

한계 이득이란 큰 목표를 작은 목표로 쪼개어 실천하면 작은 성취들이 모여 큰 기량 향상이 됨을 의미한다. 큰 과제를 해결하기 위해서는 그 압도감에 부담이 생기고 도전이 주저된다. 예를 들어, 지필고사에서 좋은 성과를 내려면 어디서부터 공부를 시작할지가 막막하다. 이때 어떤 과목을 얼마큼씩 공부해야 할지 세분화하여 구체적인 계획을 세우면 작은 목표를 하나씩 성취하며 중간에 피드백할 수 있다. 이후 전체가 합해지면서 목표한 바를 이룰 수 있다. 이외에도 책상, 전등, 휴식 등 공부에 영향을 미치는 요소를 파악하며 한계 이득을 실천한다.

깊이 보고 넓게 읽기 💡

심화활동	• 그릿을 발휘했던 경험을 찾고 그때의 성공 요인을 적는다. • 가장 이루고 싶은 목표를 설정하고 이루기 위한 구체적인 계획을 세운다. • 머릿속 고정형 사고방식을 성장형으로 바꾸어 자기만의 '그릿' 주문을 만든다.
함께 읽기	• 나는 나를 돌봅니다 (박진영, 우리학교) • 10대를 위한 데일 카네기 자기관리론 (데일 카네기, 책이라는신화) • 나에게 나다움을 주기로 했다 (고정욱, 리듬문고) • 다행히 괜찮은 어른이 되었습니다 (김혜정, 자음과모음) • 나는 왜 자꾸 미룰까? (비벌리 베이첼, 뜨인돌)

29 역사의 쓸모

최태성 | 다산북스 | 2024

도서 분야 역사, 인물, 철학   **관련 과목** 역사

역사를 배우는 이유

역사는 암기 과목으로 인식된다. 시험을 위해 달달 외워야 할 지식 정도로만 생각한다. 우리는 몇 줄로 요약된 단편적인 지식으로 역사를 접한다. 역사를 왜 배울까? 왕 이름을 암기하는 것보다 중요한 건 무엇일까?

《역사의 쓸모》에서는 '역사는 지나버린 것이 아니라 현대에도 꽤 쓸모가 있다'고 강조한다. '역사는 해설서'라고 정의하며 앞서간 인물들의 행보와 업적을 발판 삼아 지금 고민을 해결할 수 있다고 말한다. 과거를 통해 현재를 파악하고 미래를 예측할 수 있다고 말이다. 역사라는 무수한 시간 속에는 수많은 사람의 흥망성쇠가 담겼다. 역사를 지금의 삶에 대입하다 보면 고민에 대한 해결책을 어디서든 발견할 수 있다.

이를테면, 유배지로 쫓겨난 정약용이 나라를 탓하지 않고 오히려 18년 동안 500여 권의 책을 쓰는 이유를 짚어본다. 폐족이 되었다고, 출셋길이 막히고 죄인이 되었다고 자기의 삶을 포기하지 않고, 역사가 자신을 어떻게 기억할지를 생각하며 묵묵하게 글을 쓴다. 우리가 정약용을 '죄인'이 아닌 위대한 위인으로 평가하는 이유이다. 정약용의 삶에서 지금 내가 처한 난관을 어떻게 극복할지에 대해 배울 수 있다.

책에서 '창조'를 주제로 한 파트에서는 자유를 갈망하며 기술 발전을 이룬 구텐베르크의 인쇄술을 소개한다. 더불어 민본주의를 바탕으로 누구나 배우고 쓸 수 있게 만든 한글에 대해서도 언급한다. 이어 기술적인 측면보다 인간의 감성을 울려 사랑받는 아이폰 디자인까지, 시대를 넘나들며 진정한 창조의 정신이 무엇인지 생각하게 한다.

역사를 돌아보면 각 시대마다 풀어야 할 숙제가 있었다. 주권을 잃어버린 일제강점기의 국민 과제는 다시 주권을 회복하는 것이었다. 조선 땅에서 명문가였던 이회영 일가는 독립을 위해 어마어마한 재산을 처분하고 만주로 떠난다. 국외에 독립운동 기지를 건설하고 독립운동을 도모하기 위해서였다. 이회영은 식민지 해방을 꿈꾸며 그 많던 재산이 바닥났음에도 불구하고 죽는 날까지 독립운동에 힘썼다. 그의 삶을 들여다보면 지금 '시대의 과제'를 해결할 방법이 떠오를 것이다.

이렇듯 이 책에는 자유, 성찰, 창조, 소통, 언어 등 자유롭고 떳떳한 삶을 살기 위한 22가지 가치에 대한 답을 역사 속에서 찾는다. 수백 년 전 이야기지만, 오늘의 고민에 대한 통찰력을 발휘하게 한다. 역사는 단편적 지식의 나열이 아니다. 사람의 발자취다. 역사를 배운다는 것은 '사람을 만난다'는 것이다.

역사는 삶에 관한 가장 완벽한 해설서다. 이 책을 통해 역사를 공부할 때 기록된 지식을 머릿속에 넣는 데 급급하기보다 '왜'라고 묻자. 살아가며 선택의 갈림길에 있을 때 역사 속에서 마주한 인물들의 선택을 들여다보자. 그 속에서 나와 공동체를 위해 어떤 선택이 옳은지 교훈을 얻을 수 있을 것이다. 역사를 배우는 본질을 이해하고 '어떻게 살아갈 것인가?'에 대한 답을 역사 속에서 찾아 원하는 삶을 가꾸길 바란다.

────── 역사를 배워야 하는 이유 ──────

이 책은 역사의 실용성을 강조한다. 역사로 삶의 태도를 배울 수 있다는 관점에서 바라본다. 역사는 단순하게 과거를 기록하고 외워야 할 학문이 아니다. 역사를 공부해야 하는 이유를 다음과 같이 정리해볼 수 있다.

첫째, 과거를 알고 현재를 이해할 수 있다. 과거 일련의 사건으로 인해 어떻게 현재의 사회가 형성됐는지 역사를 통해 파악할 수 있다. 끊임없이 변화하는 역사를 정치, 사회, 경제 등 여러모로 이해하고 현재의 국제 관계나 갈등, 발전 정도를 제대로 알 수 있다.

둘째, 우리를 둘러싼 관습, 문화, 역사를 이해하며 뿌리를 찾고, 공동체 안에서 정체성을 형성하는 데 도움이 된다. 소속감을 높이고 자긍심을 기를 수 있다.

셋째, 삶의 태도를 배울 수 있다. 역사 속에서 만난 다양한 인물과 사건을 통해 처세에 대한 교훈을 얻을 수 있다. 선택의 결과가 어떻게 됐는지를 파악하면 더 나은 결정을 내리게 된다.

넷째, 비판력을 기를 수 있다. 다양한 역사적 문헌과 정보를 바탕으로 하나의 사건도 다른 관점으로 해석할 수 있다. 원인과 결과를 분석하며 어떤 사건이 후대에 미치는 영향을 파악하는 과정에서 비판적 사고력, 문제 해결력이 길러진다.

과거와 현재를 이어 미래를 바라보는 통찰력을 얻는다는 게 역사 공부의 본질적인 이유다.

역사를 기록하는 방식은 '사실로서의 역사'와 '기록으로서의 역사'가 있다. 사실로서의 역사는 역사적 사실을 강조한다. 과거 일어난 사실을 있는 그대로 기록한다. 문헌, 유물 등을 수집하고 분석하며 사건의 발생과 순서를 정확하게 기록하는 것이 중요하다.

기록으로서의 역사는 역사적 사실에 주관성이 개입된다. 역사적 사실을 어떻게 해석했는지에 따라 기록이 달라진다. 역사학자가 역사적 사실을 다각도로 살펴 사건의 진위와 가치를 판가름한다. 시대와 역사학자에 따라 다양한 해석이 존재하며 논쟁이 일어나기도 한다.

사실로서의 역사와 기록으로서의 역사는 서로를 보완한다. 이러한 의미에서 카(E. H. Carr)는 '역사란, 역사가와 사실 사이에 일어나는 상호작용의 부단한 과정이며, 현재와 과거 사이의 끊임없는 대화'라고 하였다. 두 가지 관점을 종합해 과거를 제대로 이해하고 어떤 사건을 해석할 수 있어야 한다.

깊이 보고 넓게 읽기 💡

심화활동	• 역사 공부의 실용적인 측면을 개인 사례를 들어 토의해 본다. • 책에 언급된 주요 역사적 사건, 위인에 대해서 깊이 있게 조사해 본다. • 논쟁이 일어난 역사서 또는 기사를 조사하고 역사가의 역할에 대해 토론해 본다.
함께 읽기	• 역사란 무엇인가 (E. H. 카, 까치) • 사피엔스 (유발 하라리, 김영사) • 아는 만큼 보인다 (유홍준, 창비) • 조선 사람들의 근대 생활 탐구 (권나리 외, 역사교과서연구소) • 청소년을 위한 한국사 (백유선 외, 휴머니스트)

이영숙 | 창비 | 2012

도서 분야 역사, 인물, 철학   **관련 과목** 역사 > 세계사

먹을거리에 담긴 인류의 역사

패스트 푸드점에서 햄버거와 꼭 함께 먹는 감자튀김, 언제부터 먹게 된 걸까? 바나나는 누가 생산하고 어떤 공정으로 우리가 먹을 수 있게 되었을까? 매일 먹는 흔한 음식이 어떻게 우리 식탁까지 오르게 되었는지 궁금했던 적이 있다면, 식탁 위에서 흔하게 보는 먹을거리에 담긴 역사를 소개한 《식탁 위의 세계사》를 더 흥미롭게 읽을 수 있을 것이다. 음식은 사회, 문화, 경제의 변화에 영향을 받으며 때로는 역사의 주인공이 되기도 한다.

이 책은 엄마가 아이에게 밥상을 차려주며 다정하게 이야기하듯 말하는 형식이어서 재미있게 세계사를 익힐 수 있다. 책에는 역사적 사건과 관련된 그림, 사진이 풍부하게 실려서 내용의 이해를 돕는다. 맛있는 음식을 통해 흥미진진하게 세계의 굵직한 역사를 익힐 수 있다.

책은 감자튀김의 원재료인 감자 이야기로 문을 연다. 감자에는 뼈아픈 역사가 숨어 있다. 1845년에 '아일랜드 감자 대기근'이라는 사건이 있었다. 18세기 이후 감자를 집중적으로 재배하던 아일랜드에 심각한 병충해가 들었다. 거기에 열병과 유행성 이질까지 번져 아일랜드인의 삶은 더 열악해졌다. 주식인 감자를 먹지 못하게 되고, 병들어 수많은 사람이 굶어 죽었다. 살아남은 일부 사람들은 미국 등 다른 나라로 이주하게 된다. 그 배경에는 영국의 강탈이 한몫했다. 영국이 아일랜드의 값비싼 곡물을 약탈해서 값싼 감자만 남겨 두었기 때문이다.

감자를 주식으로만 의존해 왔던 아일랜드 사람들에게는 아일랜드 감자 대기근은 참담한 사건이다. 이 일은 아일랜드와 영국의 관계를 악화하는 계기가 되었다. 아일랜드에서는 이 사건을 잊지 않기 위해 기념비를 세우고 각종 행사를 치른다. 보통 아일랜드를 제주도처럼 영국의 땅 일부라며 생각하는데, 이런 비극적인 사실을 알고 나면 함부로 아일랜드와 영국을 동일시할 수 없을 것이다.

책에는 감자를 비롯해 '소금, 후추, 돼지고기, 빵, 닭고기, 옥수수, 바나나, 포도, 차'와 관련된 역사적 맥락이 펼쳐진다. 영국의 정책에 반대하며 비폭력 저항을 보여주었던 간디의 '소금', 진주만큼이나 비싸서 원산지를 찾으러 대항해 시대를 연 '후추', 지금도 영국인의 아침, 점심 식탁에 오르는 음료이면서도 아편전쟁까지 번지게 된 '차' 이야기 등을 들려준다. 매일 먹고 즐기는 먹을거리에 대한 사건과 인물 이야기를 접하다 보면 세계사를 자연스레 알게 된다.

세계사를 역사 덕후나 좋아하는 과목이라고 단정 짓지 말자. 식탁에 오르는 식재료, 음식에 관해 관심을 가지고 그 역사에 대한 지식을 살펴보면 풍성하게 세계사를 이해할 수 있다. 먹을거리에 실린 맥락을 이해한다면 딱딱했던 세계사 공부가 흥미롭게 느껴질 것이다. 더 깊이 세계사를 공부하고 싶은 마음이 들 것이다.

◦─────────────── **사회를 반영하는 음식** ───────────────◦

 일상적이고 사소하게 느껴지는 먹을거리에는 사회, 문화, 경제가 반영
됐다. 먹을거리는 당시 사람들의 식습관과 생활방식에 영향을 받으며 변
화해왔다. 특정 고위 계층이 즐기는 음식은 정치적, 경제적 상징이 되기
도 하고, 서민들의 생활상을 반영한 음식이 따로 존재하기도 했다.

 종교적, 정치적인 이유로 음식의 선호도가 달라지기도 했다. 과학의 발
전은 조리법 및 음식의 생산, 유통의 구조를 변화시켰으며 이는 사람들의
식습관과 문화까지도 바꾸었다.

 식재료가 각 나라의 무역 품목으로 자리 잡으며 경제 관계에도 영향을
미친다. '김치는 대한민국, 피자는 이탈리아, 베트남은 쌀국수'처럼 음식
은 그 나라를 상징하며 정체성을 나타내는 고유한 문화로 자리매김하기
도 한다. 이렇듯 음식은 역사 속에서 사람들의 생활방식과 가치관 등을
반영하며 변화해왔다.

◦─────────────── **10개의 음식 속에 담긴 역사** ───────────────◦

 책 속에 소개된 먹을거리 10개에 대한 역사적 사건이나 인물을 조사하
고 요약 정리해 보자.

먹을거리	주요 사건이나 인물	사건 요약
감자	아일랜드 대기근	영국의 약탈과 감자 역병으로 수많은 사람들이 죽고 이민을 떠난 사건
소금	간디의 소금 행진	영국의 소금 세금에 저항하기 위한 비폭력 운동으로 한 소금 행진
후추	대항해 시대	값비싼 후추를 획득하기 위해 떠난 탐험에서 새로운 대륙 발견
돼지고기	대장정, 문화 대혁명	돼지고기를 좋아했던 마오쩌둥이 무기력한 중국을 하나로 통일한 사건

빵	각 국기의 초승달	이슬람교의 중요한 상징으로 초승달을 사용하며 종교적 정체성을 드러냄
닭고기	후버	냄비마다 한 마리 닭을 가질 수 있는 부유한 나라를 약속했던 후버, 대통령이었지만, 대공황으로 정책 실패
옥수수	흐루쇼프	소련의 농업 생산성을 높이기 위해 옥수수 농업을 장려
바나나	바나나학살	콜롬비아 북부 시에나가에서 바나나 노동 환경 개선을 요구하는 노동자 3,000여 명을 콜롬비아 정부군이 학살한 사건
포도	베르사유 조약	제1차 세계 대전 이후 독일에 대한 전쟁 책임, 유럽의 영토 조정, 전후 평화를 위한 조치로, 포도주 산업 규제에 관한 조항도 포함함.
차	아편전쟁	중국의 차를 다량 수입하던 영국은 중국에 아편을 팔며 적자를 메우려 함. 이후 아편의 수요가 늘고 밀수입하려는 중국을 단속하며 벌인 전쟁

——— 세계사를 공부하는 이유 ———

　세계사를 배우는 이유는 과거를 알고 삶의 통찰을 얻는 데 있다. 더불어 세계 여러 나라의 역사와 문화를 이해하면 세계 속에서 우리나라가 어떻게 상호작용하는지, 다른 나라들의 소통은 어떻게 이루어지는지를 이해하는 데 있다. 국제 감각을 기르면 세상을 보는 안목이 넓어지고 세계 시민으로서의 역량도 함양할 수 있다.

깊이 보고 넓게 읽기

 심화활동	• 각 나라를 대표하는 음식의 역사를 조사하고 서로 비교해 본다. • 김치, 아보카도, 커피 등에 대한 논란을 조사한 후 비판적 시각의 보고서를 써본다. • 음식의 문화적 교류에 관해 심화 탐구해 본다.
 함께 읽기	• 옷장 속의 세계사 (이영숙, 창비) • 식탁 위의 세상 (켈시 티머먼, 부키) • 음식의 언어 (댄 주래프스키, 어크로스) • 식탁 위의 한국사 (주영하, 휴머니스트) • 곰브리치 세계사 (에른스트 H. 곰브리치, 비룡소)

31 철학 통조림: 매콤한 맛

김용규 | 주니어김영사 | 2016

도서 분야 역사, 인물, 철학　　　　　**관련 과목** 도덕, 사회

도덕을 위한 철학 입문서

철학은 삶의 본질을 연구하는 학문이다. 그저 우리 삶을 가까이 들여다보는 학문인데도, 왠지 어렵게만 느껴진다. 소크라테스, 칸트, 벤담 등 철학자 이름만 머릿속에 둥둥 떠다니고 삶에서 어떤 역할을 하는지는 잘 와닿지 않는다. 그런데 '약속은 꼭 지켜야 한다', '거짓말을 해서는 안 된다' 등 인간으로서 마땅히 지켜야 할 도리 등을 철학이라고 볼 수 있다.

《철학 통조림: 매콤한 맛》은 '약속은 왜 지켜야 하나?', '거짓말은 언제나 나쁜가?', '과연 이기주의는 나쁜가?', '착한 사람이 손해 보지 않을 방법은 없나?', '아홉 사람을 위해 한 사람이 희생되어도 좋은가?', 'IQ는 타고나는가, 길러지는가?'처럼 도덕에 관한 물음을 던진다. 이 질문들을 현실과 연관해 쉽게 설명한다. 도덕의 정의와 필요성, 이기주의와 이타주의, 공리주의와 결정론, 자유의지에 관해서도 이야기한다. 어렵고 고리타분하게 느껴지는 철학자와 사상들을 쉽게 이해하도록 돕는다.

공리주의는 최대 다수의 최대 행복을 주장하는 것이다. '다수의 행복을 위해서 소수의 행복을 희생해도 어쩔 수 없다'는 논리다. 책에서는 존 해리스 교수가 쓴 《폭력과 책임》 속 '서바이벌 로터리'라는 제도를 설명한다. 미래의 어느 유토피아에서는 의학 기술의 발달로 모든 질병을 없앴다. 다만, 노화가 문제다. 이를 해결하기 위해 건강한 사람을 무작위로 뽑아 그의 장기를 여러 사람에게 이식하도록 하는 '서바이벌 로터리' 제도를 도입한다. 유토피아 사람들은 어릴 때부터 희생을 최고의 미덕이라고 교육받았기에, 숭고함을 느끼며 죽음을 택한다. 제비뽑기로 희생당하는 사람이 다수의 행복을 유지하게 된다면 도덕적으로 옳은 일일까? 고민해볼 문제이다. 과연 이상적인 사회는 무엇일까?

우리는 공동체 안에서 규칙에 따라 도리를 다하며 살고 있다. 여러 상황을 경험하며 '상대의 옳지 않은 행동에 어떻게 대응해야 할까?', '내가 하는 행동은 나쁜 짓인가?'라며 고민한다. 이때 필요한 지혜는 철학에서 나온다. 도덕은 오랜 세월 인류가 시행착오를 거쳐 이룩한 바람직한 삶의 규칙이다. 개인을 위해서도, 사회를 위해서도 마땅히 지켜야 하는 인간의 의무이다. 시대에 따라 그 규칙이 변하더라도 당장에 주어진 도덕 법칙을 지키는 것이 최선의 길이다. 소크라테스, 칸트, 니체, 벤담, 밀 등 철학자들의 사상을 들여다보며 도덕이 필요한 이유와 내 삶 속에서 실천 가능한 방안을 생각해 보기를 바란다.

내용 이해 개념 쏙쏙

─── 이기주의 ───

이기주의는 개인의 이익을 최우선으로 두고 행동하는 태도다. 이기주의의 본질과 도덕적 정당성에 대한 철학자들의 생각은 다음과 같이 다양했다. 장 칼뱅은 이기주의를 죽음으로 내모는 전염병 '페스트'라고 경고하며 부정적 관점을 보였다. 토마스 홉스는 이기심은 인간의 본성이라며, 전쟁이 일어난 이유를 이기심이라고 간주했다. '만인에 대한 만인의 투쟁'을 막기 위해 강력한 국가 권력이 필요하다고 했다. 이마누엘 칸트도 이기주의에 비판적인 관점이다. 타인의 행복을 바라는 이타주의는 도덕적인 선에 해당하지만, 자기 행복을 바라는 것은 선이 아니라고 했다.

반면 애덤 스미스는 인간의 탐욕, 이기심이 사회를 발전시키는 원동력이라고 주장했다. 공익 증진을 의도적으로 목적할 때보다는 자기 이익만을 추구할 때 사회 전체에 이익이 된다고 말했다. 프리드리히 니체 역시 이타주의를 반대하고 이기주의를 옹호했다. 인간은 자신의 가치 실현을 추구하는 존재로 자기를 진정 사랑하는 개인을 중시했다. 생물학자 에드워드 윌슨은 개인의 생존과 번식을 위한 인간의 이기주의는 당연하다고 여겼다. 모든 동물에게 진정한 이타주의는 불가능하고 오직 이기주의적인 동기가 문명 진화를 이끌었다고 생각했다.

건전한 이타주의

이타주의는 개인의 이익보다 다른 사람을 먼저 배려하는 태도이다. 무조건 타인을 사랑하고 용서하는 종교적인 이타주의는 오히려 착한 사람이 손해 보게 하는 경우를 만든다. 이러한 문제점을 보완한 '건전한 이타주의'가 필요하다. 건전한 이타주의는 '호혜성'이라고도 부르는데, 서로에게 이익이 되도록 혜택을 베푼다는 의미이다. 비열한 이기주의자를 만났다고 가정할 때, 박애 정신을 발휘하기보다 '이에는 이, 눈에는 눈'과 같이 정의의 원칙을 지켜 받은 대로 되돌려 주려는 태도가 필요하다.

결정론

결정론은 두 가지로 나뉜다. 첫째, 생물학적 결정론은 IQ, 성격, 재능 등은 인간이 태어날 때 이미 결정된다는 주장이다. 둘째, 환경 결정론(문화 결정론)은 인간의 본성은 하얀 도화지같이 아무것도 정해진 것이 없으며 오직 환경에 의해 결정된다는 주장이다.

생물학적 결정론자들은 '인간의 본성은 절대 바뀔 수 없다'며 인종 차별, 성 차별, 계급 차별 등을 정당화한다. 환경 결정론자들은 '인간은 본성이 없고 학습으로 만들어진다'고 주장하며 아이도 부모의 교육에 따라 찰흙으로 인형 만들 듯 마음대로 만들 수 있다고 여긴다. 두 가지 입장은 사회, 정치적 사상과 얽히며 문제를 발생시킨다.

깊이 보고 넓게 읽기

심화활동	• 건전한 이타주의가 바람직한지 사례를 들어 토론한다. • 이기주의는 나쁜지, 그렇지 않은지 사례를 들어 토론한다. • 결정론의 문제점을 살펴보고 '자유의지'의 중요성에 대해 설명해 본다.
함께 읽기	• 철학통조림 : 달콤한 맛 (김용규, 주니어김영사) • 철학통조림 : 담백한 맛 (김용규, 주니어김영사) • 철학통조림 : 고소한 맛 (김용규, 주니어김영사) • 생각한다는 것 (고병권, 너머학교) • 청소년을 위한 친절한 서양 철학사 (박해용 외, 문예춘추사)

김구 | 돌베개 | 2005

도서 분야 역사, 인물, 철학   **관련 과목** 국어, 역사

독립운동가 김구의 자서전

알다시피 백범 김구 선생은 대한민국의 독립운동가다. 일제 강점기에 의병 활동을 시작해 상해 임시정부를 세우는 데 중요한 역할을 했다. 민족의 자주 독립에 앞장섰으며 광복 이후에도 통일을 위해 헌신한 인물이다. 김구 선생은 《백범일지》에 민족 운동의 과정과 자신의 사상을 고스란히 담았다. 어린 시절부터 조국의 독립, 통일을 염원하기까지의 자전적 이야기다. 책을 통해 김구 선생의 발자취를 따라가며 그의 민족정신을 깊이 되새겨 보길 바란다.

김구 선생은 몰락한 양반 가문에서 태어났고 본래 이름은 창암이었다. 아버지는 어려운 가정형편에도 아들 교육에 힘썼지만, 창암은 과거에 낙방한 후 관상 공부를 하며 마음 좋은 사람이 되려고 했다. 그 후 동학을 접하고 '김창수'로 살아가다 스승 고능선을 만난다. 고능선의 애국 사상과 민족주의 교육은 평생 깊은 영향을 주었다.

김창수는 을미사변으로 일본인에게 시해당한 국모의 원수를 갚고자 스치다 조스케를 처단하고 감옥에 갇혀 있다가 탈옥해 '김두호'로 개명했다. 이후 '김두래'라는 이름으로 강화에 갔고, 25세에 유완무와 그의 동지를 만나 '구(龜)'로 이름을 고쳤다.

아버지 삼년상을 마친 후 기독교에 입문했다. 교육의 중요성을 설파하며 학교의 설립을 지원했다. 광진학교를 설립하고 교육 활동에도 적극 참여했다. 봉양학교, 서명의숙, 양산학교 교사로 일했고, 보강학교 교장으로 활약했다. 1907년 의병으로 활동하다 혹독한 고문을 견디면서 투옥 생활을 했다. 출옥을 대비해 변치 않겠다는 마음으로 이름을 구(九)로 고치고, 호는 백범(白凡)으로 지었다.

1919년 상하이에 망명해 대한민국임시정부를 수립하고 경무국장을 역임했다. 이후 내무총장, 국무령 등에 선출됐고, 1930년에는 이시영, 이동녕 등과 함께 한국독립당을 창당했다. 일본 요인 암살 목적으로 한인애국단을 창단해 이봉창 의거 계획을 세웠다. 한인애국단은 이봉창, 윤봉길 의거로 전 세계에 임시정부를 널리 알리는 계기가 되었다. 이후 한국인무관학교를 설치해 독립군을 배출했으나 일제의 탄압을 받았다.

1940년 한국광복군을 창설하고 주석으로 선출됐다. '대한민국 건국 강령'을 발표해 자주독립국가로의 강한 의지를 보여 주었다. 광복 이후 남북한의 통일정부 수립을 위해 각고의 노력을 했으나, 안두희의 총에 맞아 향년 74세에 생을 마감했다.

김구는 첫 번째 소원도, 두 번째 소원도, 세 번째 소원도 '우리나라 대한의 완전한 자주독립'이라고 말했다. 대한민국 동포를 위해 독립을 부르짖는 독립운동가였다. 독재정치를 배격하고 모든 국민이 자유를 누리는 나라를 건설하고자 했다. 그는 '우리 자손의 사상과 신앙의 자유를 속박함이 없는 나라, 천지와 같이 넓고 자유로운 나라, 그러면서도 사랑의 덕과 법의 질서가 우주 자연의 법칙과 같이 준수되는 우리나라를 건설하자'는 소원을 남겼다.

─────────── 김구의 독립 사상 ───────────

　김구 선생이 생각한 독립은 단순하게 일제의 지배에서 벗어나는 것이 아니었다. 다른 나라에 끌려 다니지 않는, 철학이 있는 나라를 강조했다. 사상과 정신이 독립된 자주적 국가 건설을 목표로 삼았다. 그를 위해서는 민족 개개인이 의식을 높여 단합해야 한다고 주장했다. 교육과 문화의 중요성을 독려하며 민중이 독립운동에 참여해 단결하기를 바랐다. 그는 평화롭고 통일된 나라를 세우기 위해 일생을 독립운동에 힘썼다.

─────────── 교육의 중요성 ───────────

　김구 선생은 '양반도 깨어라! 상놈도 깨어라!'라고 말하며 비천한 사람도 모두 글을 배워야 한다고 했다. 그런 의미에서 '평범한 사람'을 의미하는 '백범'이라는 호를 택했다. 애국심을 기르고 민족의식을 높이는 데 교육이 필수라고 생각해서 학교를 건립하고 가르치는 일을 했다.

　　일반 농민들 중에는 합병이 무엇인지 망국이 무엇인지 모르는 자도 많
　　았다. 나는 망국의 치욕 속에서도 국민이 한마음으로 분발하기만 하면 곧
　　국권이 회복될 것 같은 생각이 들었다. 그렇게 하려면 후세들의 애국심을
　　앙양하는 길밖에 없으므로 양산학교를 확장하고 소, 중학부의 학생을 늘
　　려 모집하는 등, 교장으로서 임무를 다했다. (쉽게 읽는 백범일지, 154쪽)

　교육은 민중들이 자신의 역사를 이해하고 민족의식을 높이는 계기가 된다. 독립운동을 해야 하는 이유를 알게 되고 자주적인 사고로 외세와

맞서 싸울 수 있는 원동력이 된다. 김구 선생은 신분을 초월해 지식을 쌓고 애국심을 고양해서 단합해야만 독립을 이룰 수 있다고 믿었다.

── 애국심 ──

애국심이란 자기 나라를 사랑하는 마음이다. 애국심은 개인이 소속감을 느끼고 정체성을 확립하는 데 필요하다. 애국심이 있으면 사회의 일원으로서 책임감을 느끼며 안정된 사회를 도모한다. 전쟁이나 재해 등 어려움이 닥쳤을 때 극복하는 원동력이 된다. 애국심은 공동 목표를 추구하는 힘이 되고, 국가 발전을 위한 바탕이 된다. 국가 정체성을 유지하고 발전하는 데도 기여한다.

김구 선생은 나라를 위해 자신의 모든 것을 바쳐 헌신했다. 공동체의 힘을 강조하며 민족이 하나가 되어야 한다고 말했다. 혹독한 고난 속에서도 자신의 사상을 몸소 실천했다. 독립뿐 아니라 다음 세대의 비전까지 고려하며 사랑과 자유가 공존하는 사회를 건설하려는 애국심이 있었다.

깊이 보고 넓게 읽기

심화활동	• 이 책의 서평을 쓰고 배울 점에 관해 친구들과 의견을 나눈다. • 하권의 '나의 소원' 부분을 필사하고 느낀 점을 적어 본다. • 김구 선생의 사상이 현재 한국 사회에 어떤 시사점을 남겨주는지 토론한다.
함께 읽기	• 일제강점기 그들의 다른 선택 (선안나, 피플파워) • 한국인은 참지 않아 (신서현, 풀빛) • 10대와 통하는 독립운동가 이야기 (김삼웅, 철수와영희) • 살아있는 한국 근현대사 교과서 (김육훈, 휴머니스트) • 친일파 열전 (박시백, 비아북)

미술이라고 하면 그림을 그리는 것으로만 생각하는 경향이 짙다. '미술에 소질이 있다'는 말은 흔히 '그림을 잘 그린다'는 말로 통한다. 하지만, 학교에서 배우는 미술은 그림에만 한정되지 않는다. 아름다움을 체험하고, 자유롭게 표현하고, 아름다움에 대해 생각하는 역량 기르기도 미술의 중요한 목표다. 보통 '잘' 그린다는 의미는 사실적으로 똑같이 재현한다는 뜻으로 통용되지만, 그 기준은 미술에서 중요하지 않다. 형태를 왜곡하고, 고유의 색이 아닌 자기 마음대로의 색을 쓰는 것은 자신을 솔직하게 표현한 미술이 된다.

《똑같은 빨강은 없다》는 제목처럼 '지구상의 모든 사람이 다르듯이 미적 표현 또한 저마다의 개성이 있다, 잘 그려야 미술을 잘한다는 선입견을 버리고 자신을 솔직하게 표현한다'라는 관점을 제시하며 우리가 미술과 친해질 수 있게 돕는다.

이 책은 '미술' 하면 떠오르는 일반적인 고정관념을 깨고 '아름다움의 경험, 아름다움의 표현, 아름다움의 생각'에 관한 이야기를 펼쳐 놓는다. 미술 교과서에 담긴 미적 체험, 표현, 감상' 등 미술에 대한 지식을 담으면서도, 교과서에는 담기지 않은 철학과 개념도 알려 주고 있다. 미술을 좋아하는 가상의 중학생 보라와 미술 선생님이 대화하는 방식으로 서술돼서 쉽고 재미있게 읽을 수 있다.

'예쁜 것과 아름다운 건 달라'라는 제목은 궁금증을 유발한다. 어렵게만 느껴지는 미학을 길앞잡이라는 곤충의 색채와 형태를 예로 들어 설명한다. 아름다움은 주관적 감정과 객관적 인식의 개입을 통해 이루어진다고 알려 준다. 쉽고 적절한 예시로 인식론적 미학과 존재론적 미학을 설명한다. 이를 통해 아름다움 자체에 관한 생각과 함께 작가의 여러 표현 방법을 이해할 수 있다.

반 고흐의 〈귀를 자른 자화상〉은 어떤 대상을 비슷하게 그린 것이 아니라 작가만의 느낌과 개성이 강조된 작품임을 이해할 수 있다. 모딜리아니가 그린 〈에뷔테른의 초상화〉에서 기다란 얼굴과 목, 눈동자 없는 파란 눈은 슬픔을 담아내려고 의도적으로 형태를 왜곡한 것임을 알 수 있다. 단순한 재현이 아니라 대상을 다양한 시각에서 분해하고 조합해 그린 피카소의 여인 초상, 뼈대만 남은 듯 길고 앙상하게 인간의 실존을 표현한 자코메티의 작품을 통해 작가들의 다양한 표현 방식을 살펴볼 수 있다.

사회와 소통하며 사회적 문제를 담은 예술 작품을 보며 미술의 역할에 대해서도 파악할 수 있다. 김홍도의 〈벼 타작〉은 양반 사회를 해학적으로 비판했다. 신윤복의 〈단오풍정〉은 남녀 간 윤리의식이 엄격했던 성리학의 이념을 비꼬고, 여성을 진솔하게 드러내 인간 본능을 풍자하고 있다. 이 외에도 브뢰헐의 풍속화, 프라고나르의 〈그네〉 등 사회를 반영한 미술을 설명했다.

추상화를 보면 '어떻게 이해해야 되지?'라는 막막한 생각이 든다. 이 책을 읽으면 아름다움의 본질에 대해 고찰하게 되고, 작가들만의 여러 표현 방법을 이해하게 된다. 예술을 잘 느끼는 방법을 깨달으면 미술을 '그리기'로 한정시켰던 고정관념이 깨진다. 책에서는 '솔직한 생각을 말하는 것이 좋은 감상'이라고 말한다. 미술을 통해 작가가 담아낸 생각을 들어보고, 문화인으로서 세상을 바라보는 열린 시각을 갖길 바란다.

자연과 미술

우리는 자연 현상이나 풍경을 보며 아름다움을 느낀다. 질서 속 변화무쌍한 자연에서 변화, 통일, 균형 등 조형 원리를 경험한다. 예술가들은 그런 자연에서 영감을 받아 자연의 형태를 그대로 재현하는가 하면, 자신만의 스타일로 전혀 새로운 모습으로 표현한다. 자연에서 영감 받은 점, 선, 면, 색, 형, 명암, 양감, 질감 등 조형 요소와 강조, 율동, 동세, 비례, 대비 등 조형 원리를 활용해 자신만의 독창적인 작품을 제작한다.

생각을 바꾼 미술가들

책에는 혁신적인 미술가들이 소개됐다. 뒤샹은 미술사에서 내린 미술에 대한 정의를 거부하는 의도로 남성용 변기에 서명한 후 〈샘〉이라는 작품을 만들었다. 모네는 해 뜨는 항구의 풍경을 보고 빛에 따라 시시각각 변하는 색을 〈인상-해돋이〉라는 작품으로 탄생시켰다. 크리스토는 독일 국회의사당을 포장한 설치 미술 작품 〈포장된 국회의사당〉으로 익숙한 일상의 풍경을 낯설게 탈바꿈시켰다. 이렇게 작가의 제작 의도를 파악해 보는 일은 중요하다.

제대로 미술 작품을 읽는 법

우선, 자신의 미적 취향을 살핀다. 가장 마음에 든 미술 작품 몇 개를 나열해 보고 내가 좋아하는 색채, 형태, 표현 방식 등을 파악한다. 내 취향을 객관적으로 이해한 다음 선입견을 모두 버리고 작품을 감상한다. 작가의 생애, 예술관, 작가가 추구한 양식이나 작품이 만들어진 사회 배경을 조사해 작가의 제작 의도를 짐작해 본다. 미술 비평가, 미술사학자 등 전문가의 글을 참고하고, 다른 이의 감상평을 비교하면 미술 작품을 제대로 이해하는 데 도움이 된다.

깊이 보고 넓게 읽기

 심화활동	• 〈슈즈 트리〉처럼 논란이 된 미술 작품을 조사하고 작품의 가치에 대해 토론한다. • 사회를 비판한 미술 작품을 선정해 미술가의 역할에 관하여 토론한다. • 책에서 인상 깊게 본 작품에 대한 비평문을 작성한다.
 함께 읽기	• 수상한 화가들 (박석근, 사계절) • 미술관 옆 사회교실 (이두현 외, 살림Friends) • 난처한 미술 이야기1~8 (양정무, 사회평론) • 미학 오디세이1~3 (진중권, 휴머니스트)

34 방구석 미술관

조원재 | 블랙피쉬 | 2018

도서 분야 문화, 예술   관련 과목 미술

쉽고 유쾌하게 입문하는 서양 미술사

《방구석 미술관》은 콧대 높고 체면 차리는 사람들의 전유물인 미술을 누구나 갖고 놀 수 있는 장난감으로 치부하길 바란다. 유명한 화가들 이야기를 옆집 언니, 형들의 일상처럼 편안하게 늘어놓는다. 마치 수다를 떠는 것 같은 유머러스한 문장들 덕분에 연예인 가십을 읽듯 재밌게 책을 읽다 보면 미술계 거장들의 예술관과 작품들을 이해하게 된다.

수많은 패러디를 낳은 뭉크의 〈절규〉를 모르는 중학생은 없을 것이다. 〈절규〉를 보면 어떤 느낌이 드는가? 웃음이 피식 나왔는가? 뭉크의 삶을 들여다보면 방금 지은 웃음이 미안해질지 모르겠다. 뭉크는 평생 죽음을 의식하며 살았다. '난 죽음의 기억을 그린다'고 말하며 자신을 둘러싼 죽음을 자신만의 방식으로 표출했다. 그는 죽는 날까지 죽음에 대한 공포와 우울, 존재의 허무함 등을 고민하고 그려냈다. 죽음의 화가여서 요절할 것 같지만, 아이러니하게도 81세까지 장수했다. 그 원천은 죽음을 예술혼으로 불태운 것 때문이 아닐까.

전 세계가 좋아하는 화가 반 고흐의 〈해바라기〉를 떠올려 보자. 불타오르는 태양을 닮은 듯한 강렬한 노란색이 연상된다. 책에서는 반 고흐가 즐겨 사용한 노란색에 대한 뒷이야기를 풀어 놓는다. 고흐는 술에 의존해 세상이 샛노랗게 보였다. 당시 수많은 파리 예술가들이 사랑했던 녹색의 술 '압생트'는 고흐까지 취하게 했다. 이 술의 부작용 중 하나는 모든 대상이 노랗게 보이는 황시증이었다. 〈아를의 밤의 카페〉, 〈노란 집〉에 쓰인 따스한 노란색도 압생트 때문일지도. 압생트는 고흐의 건강을 해쳤지만, 예술의 영감이 되었다.

이 책에는 뭉크, 반 고흐 외에도 미술계 여성 혁명가로 알려진 프리다

칼로가 등장한다. 그녀와 멕시코 국민 화가인 디에고 리베라와의 진흙탕 같은 결혼 생활을 파헤쳤다. 리베라는 바람을 일삼았고, 프리다도 불륜에는 불륜으로 응수했다. 각본 없는 드라마를 쓰며 고통을 예술로써 승화시킨 세계 최고 여성 작가의 삶을 폭로한다. 칼로는 원조 막장 드라마의 주인공이었다.

발레리나 그림으로 유명한 에드가 드가는 알고 보면 성범죄 현장을 그렸다 말하고, 세상에서 가장 로맨틱한 그림을 그린 것 같은 구스타프 클림트는 테러를 일삼는 희대의 반항아로 소개했다. 추상미술의 아버지 바실리 칸딘스키는 최강 연애 찌질이며, 19금 드로잉의 대가인 에곤 실레는 순수 지존이라는 별명을 붙여 대가들의 사생활을 가감 없이 보여준다.

'아, 그런 삶을 살아서 이런 작품이 나왔구나'라며 그림과 대화를 나누다 보면 익숙하게 봤던 미술 작품이 달리 보일 것이다. 예술가들의 반전 삶을 흥미롭게 읽으며 작품을 이해해 보자. 예술가의 삶과 정신을 그림 속에서 발견하며 작가와 소통, 공감할 수 있다.

내용 이해 개념 쏙쏙

─────── 미술사를 배우는 이유 ───────

미술사는 아름다움의 대상이나 회화, 조각, 건축, 장식 등 시각적 조형물에 대한 역사를 일컫는다. 인류의 역사가 시작된 선사 시대부터 시작되며 지역별, 시대별, 장르별로 다양하게 변화해왔다. 미술은 각 시대의 정치, 문화, 경제, 종교의 영향을 받아 여러 맥락 속에서 이해할 수 있다. 주요한 사회적 사건을 반영함은 물론 사회 속 개인의 삶도 드러낸다. 우리는 미술사를 통해 사회를 파악할 수 있고, 창의적인 사고를 엿보며, 미술 작품의 분석과 해석을 경험하며 비판적 사고도 신장할 수 있다.

─────── 미술 비평 방법 ───────

미술 비평은 미술 작품을 감상한 뒤 작품을 비판적으로 바라보고 가치를 판단하는 활동이다. 미학자 스톨니츠는 다섯 가지 비평 방법을 제시했다.

첫째, 규칙에 의한 비평. 이는 비평가의 일정한 기준에 맞춰 비평하는 방법이다. 사회적 관념이나 윤리적 기준으로 작품을 평가한다. 둘째, 맥락에 의한 비평. 이는 작품이 사회에 미치는 영향 및 작가의 내면세계와의 관계 등을 밝혀 작품의 가치를 판단하는 것이다. 셋째, 인상주의 비평. 이는 작품에서 느껴지는 기분이나 심상 등으로 작품의 가치를 평가하는 방법이다. 생생한 감상이 장점이지만, 즉흥적이고 주관적으로 비평한다는 단점이 있다. 넷째, 의도주의 비평. 이는 작가의 정확한 의도를 파악하며, 의도가 제대로 구현되었는지 판단하는 방법이다. 작가의 의도와 달리 감상자에 따라 비평은 다를 수 있다. 다섯째, 형식주의 비평. 이는 작품의 조형 요소와 원리, 구조적 특징을 파악해 미적 가치를 판단하는 것이다. 오직 감상자의 조형적 형식 분석에 의존한다.

다섯 가지 비평 방식은 단독으로 쓰이기도 하고, 혼합해서 작품 가치를 판단하는 데 활용된다. 책에서는 작가의 이념이나 사회적 배경을 설명하며 '맥락에 의한 비평' 방법을 적극적으로 사용했다. 작가의 의도를 파악하는 '의도주의 비평' 방법도 쓰였다. 이 책을 읽으며 어떤 관점으로 작품을 비평했는지 분석해 보고, 다른 미술 작품을 감상할 때도 이런 비평 방법을 떠올리며 나름의 기준을 세워 작품의 가치를 판단해 보자.

깊이 보고 넓게 읽기

심화활동	• 이 책에서 인상 깊은 작품을 골라 비평문을 작성한다. • 마음에 드는 작가를 골라 책에 실린 작품으로 전시 리플렛을 제작해 본다. • 책에 실리지 않은 다른 작가를 골라 작품과 작가를 소개하는 글을 쓴다.
😊😊 함께 읽기	• 방구석 미술관 2 : 한국 (조원재, 블랙피쉬) • 청소년을 위한 친절한 서양 미술사 (이다 프렌티스 위트콤, 문예춘추사) • 꼬리에 꼬리를 무는 서양 미술사 (이연식, 주니어태학) • 클릭, 서양미술사 (캐롤 스트릭랜드, 예경) • 반 고흐, 영혼의 편지 (빈센트 빌럼 반 고흐, 위즈덤하우스)

도서 분야 문화, 예술 관련 과목 미술

예술과 아름다움에 관한 이야기

예술이란 무엇일까? 우리가 예술이라고 정의 내린 작품의 기준은 무엇일까? 무엇이 예술이고 무엇이 예술이 아닐까? 청계천 입구에 세워진 다슬기 모양의 조형물을 만든 클래스 올덴버그 일화를 살펴보자. 올덴버그는 일상에서 흔히 접하는 사물을 거대하게 제작해 공공장소에 설치하는 작가다. 그는 석고, 고무, 천 등을 이용해 지름 212cm, 높이 132cm의 초대형 햄버거를 제작해 캐나다의 한 미술관의 공공장소에 설치했다.

그런데 난데없이 햄버거와 비슷한 크기의 케첩 병이 작품 옆에 놓였다. 그 지역의 미술대학 학생들이 만들어 놓은 사실로 밝혀졌지만, 미술관은 이 케첩 병을 바로 철거했다. 〈햄버거〉는 예술 작품이지만, 케첩 병은 예술 작품이라고 인정하지 않은 것이다. 케첩 병은 흉내 내기에 불과하다고 판단했다.

예술과 비예술을 나누는 기준은 단순하지만은 않다. 동물원에 사는 침팬지가 따로 훈련 받지 않고 붓을 쥐고 그린 그림이 잭슨 폴록의 작품과 유사했다. 추상화가 동키콩의 별명을 얻은 이 침팬지는 다수의 작품을 전시하기까지 했는데, 관객들의 반응은 크게 엇갈렸다.

미국의 유명한 조각가 프랭크 스텔라는 고철 덩어리를 활용해 〈기울어진 호〉라는 작품을 만들었다. 이 작품은 공공장소에 설치되자마자 흉물스럽다는 혹평을 받으며 철거됐다. 작품의 독창성만으로 모두 예술로 볼 수 있는지에 대한 물음을 던진다. 인공지능 오비어스가 그린 새로운 스타일의 초상화는 앤디 워홀의 작품보다 높은 가격에 판매됐다. 사람이 아닌 인공지능이 창작자 역할을 하며 예술이 인간만의 고유 영역인지에 대한 의문을 남긴다.

《예술에 대한 여덟 가지 답변의 역사》는 이렇듯 '예술이란 무엇인가?'라는 질문에 대한 답을 내놓는다. 고대 문명 이집트의 벽화미술부터 현대의 인공지능 미술까지 아우르며 예술과 아름다움에 대한 이해 방식을 '모방론', '표현론', '형식론', '제도론', '다원론', '진화심리학', '경험주의', '예술정의불가론' 여덟 가지 방법으로 알려 준다. 플라톤, 아리스토텔레스, 칸트, 비트겐슈타인, 그린버그 등 철학자와 미학자들의 다양한 관점을 자세히 풀어 놓았다.

예술을 암기 위주로 접근하는 것에서 벗어나 예술의 본질에 대한 철학적 질문을 통해 사유해 보자. 예술은 철학의 한 갈래로 인간의 역사와 함께했다. 우리 삶을 더 나은 방향으로 이끌며 다양하게 변화해왔다. 예술에 대한 궁극적인 질문에 철학자, 미학자, 예술가들은 어떤 입장을 내세웠고, 어떤 관점들이 등장했는지 흐름을 살펴보자. 이 책의 시대를 넘나드는 풍부한 작품 해설과 쉬운 설명은 어려운 예술 이론을 쉽게 이해하게 한다. 책을 읽으며 예술이 무엇인가에 대한 나름의 답을 찾길 바란다.

— 예술 이론 —

책에 소개된 예술을 이해하는 여덟 가지 방식을 간략히 살펴보자. 첫째, 모방론. 예술은 외부 대상이나 현실을 모방하는 과정이라는 이론이다. 고대 그리스의 플라톤과 아리스토텔레스가 주창했으며 예술 작품이 인간의 삶이나 자연을 그대로 재현한다는 입장이다. 둘째, 표현론. 예술은 창작자의 정서를 표현한다는 이론이다. 톨스토이는 감정을 전달하고 콜링우드는 감정을 정리한다고 말하며 창작자의 내면적 경험에 중점을 두었다.

셋째, 형식론. 예술 자체로서의 예술로 고유한 형식을 추구하는 이론이다. 추상회화를 대변하는 순수한 형식을 말하며 칸트, 그린버그의 사상과 일치한다. 넷째, 예술정의불가론. 예술은 공통된 본질이 없고 일련의 유사성과 예술 정의가 불가하다는 이론이다. 비트겐슈타인의 '가족 유사성'의 영향을 받아 웨이츠가 주장했다.

다섯째, 제도론. 예술가, 제작자, 박물관장, 박물관 관람객, 연극 관객, 신문기자, 비평가, 예술가가, 예술 이론가, 예술 철학자 등 예술과 관련된 제도권 안에서 지위를 부여받아야 예술이 된다는 관점이다. 여섯째, 다원론. 예술이 무엇인가에 대한 정답이 여럿이 될 수 있다는 예술 이론이다. 예술의 다양성을 수렴하며 자유주의적 제한 내에서 모든 작품과 양식을 허용한다.

일곱째, 진화심리학. 인간의 생존과 번식에 유리하도록 예술이 진화되었다고 보는 이론이다. 다윈의 견해에 영향을 받아 예술은 생존을 북돋아 주는 산물이라고 설명한다. 여덟째, 경험주의. 예술은 곧 경험이라고 말한다. 듀이는 예술이 일상으로 들어와 이루어지는 하나의 경험이라고 강조한다.

예술의 역할

예술은 미를 창조하고 표현하는 활동을 말한다. 그림을 그리고, 재료를 깎아 만들고, 신체를 활용해 표현하는 등 다양한 활동이 예술 영역에 포함된다. 예술은 개인의 감각적 경험을 포함하며 예술을 통해 인간의 본질적인 의미를 탐구할 수 있다. 예술은 당대의 사회 규범과 가치를 반영하고 비판하는 도구로도 활용돼 사회 변화를 촉진하기도 한다. 예술에 대한 복잡하고 다양한 해석이 존재하지만, 인간과 사회를 인식하는 활동임은 분명하다. 예술은 단순한 감정 표현을 넘어 광대한 역할을 수행한다.

깊이 보고 넓게 읽기

심화활동	• 여덟 가지 예술 이론을 들어 예술이 무엇인가에 대한 자신의 견해를 설명해 본다. • '인공지능이 그린 그림은 예술 작품일까?'에 관해 토론한다. • 논란이 된 예술 작품을 조사하고 예술과 비예술을 나누는 기준에 대해 토론한다.
함께 읽기	• 예술 수업 (오종우, 어크로스) • 분석미학의 이해 (오종환, 세창출판사) • 불온한 것들의 미학 (이해완, 21세기북스) • 심미안 수업 (윤광준, 지와인) • 생각의 탄생 (로버트 루트번스타인 외, 에코의서재)

36 클래식 음악의 괴짜들

스티븐 이설리스 | 비룡소 | 2010

도서 분야 문화, 예술   관련 과목 음악

클래식 음악가들의 생생한 삶

'베토벤이 스튜 그릇을 던져 버린 이유는?' 책의 원래 제목이다. 제목만으로도 짐작이 되듯 이 책은 베토벤을 비롯한 유명한 클래식 음악가의 진솔한 삶을 담아냈다. 세계적인 첼리스트인 스티븐 이설리스는 클래식 대가들의 평범하고 인간적인 모습을 보여주며 어렵게만 느껴지는 클래식 음악의 장벽을 낮추었다.

다음은 이 책에서 소개하는 음악가들이다. 음악가들을 수식하는 카피만으로도 엉뚱하고 재기발랄한 음악가들의 삶이 그려진다. '음악계의 슈퍼맨 요한 제바스티안 바흐, 장난스러운 멋쟁이 볼프강 아마데우스 모차르트, 불같은 성미의 영웅 루트비히 판 베토벤, 계산적인 낭만주의자 로베르트 슈만, 마음씨 따뜻한 고슴도치 요하네스 브람스, 콧대 높은 완벽주의자 이고리 스트라빈스키.'

바흐는 고용주들과 돈 문제로 사이가 나빴지만, 완벽한 음악을 위해 일생을 부지런히 작곡하고 연주했다. 새로운 곡을 받으면 언제나 신나게 달려들던 모차르트는 아침 6시부터 단장을 시작했다. 후원자들이 부자라도 비위를 맞추는 행동은 하지 않았던 베토벤은 깐깐한 성격으로 자신이 주문한 음식이 잘못 나왔을 때 종업원 얼굴에 스튜 그릇을 던져버렸다.

가계부를 쓰면서도 머릿속에 환상이 가득했던 천생 예술가 슈만은 엄마가 법률 공부를 하라고 등 떠밀어 갈등을 빚었다. 아이들을 사랑한 마음씨 따뜻한 브람스는 사람들이 자신을 친절한 사람으로 인식하는 게 싫어 고슴도치처럼 굴었다. 스트라빈스키는 어딜 가든 주변을 말끔하게 정리하는 완벽주의자로 음악을 삶의 중심에 두며 자신을 가장 최고의 작곡가로 여겼다.

여섯 명의 위대한 음악가의 일화들을 살피면 음악을 위해 살아갔던 그들의 열정을 느낄 수 있다. 음악가의 탄생부터 생애, 작품 세계까지 읽고 그들의 음악을 감상하면 클래식이 생동감 있게 들릴 것이다. 작가는 바흐의 모든 음악, 모차르트의 〈돈 조반니〉와 〈마술 피리〉를 추천한다. 꼭 들어보자. 슈만의 〈피아노 오중주 E 단조〉, 브람스의 〈피아노 협주곡 1번〉, 〈독일 진혼곡〉, 스트라빈스키의 〈봄의 제전〉도 잊지 말고 감상해 보고 음악가들의 삶을 떠올려보자.

책의 부록에는 '교향악, 소나타, 실내악, 오페라, 협주곡' 등 음악 용어의 설명이 실려 있다. 클래식 음악가들을 만난 후 음악 용어를 점검하면서 음악적 지식을 쌓아 보자.

내용 이해 개념 쏙쏙

―――――――――― 클래식 음악 ――――――――――

클래식은 20세기 전반까지 서양 음악의 한 장르를 일컫는다. 시대에 따라 변화해 왔으며 다양하고 위대한 클래식 작곡가들이 있다. 각 시대별로 독특한 스타일과 특징을 보인다.

바로크 음악(1600~1750)은 강한 감정 표현에 중점을 두어 복잡한 선율로 표현된다. 많은 화성이 사용되고 여러 목소리가 상호작용하도록 구성된 점이 특징이다. 이 시대에는 협주곡과 오페라가 크게 발전했으며 다양한 장식음을 활용해 웅장하고 화려하다. 대표적인 음악가로는 바흐, 헨델, 비발디가 있다.

고전주의 음악(1750~1820)은 단순하면서도 명확한 구조를 중시한다. 절제된 감정 표현으로 정형화된 균형미를 보여준다. 소나타, 교향곡, 협주곡 같이 명료성이 높은 형식이 발전했다. 대표적인 음악가로 모차르트, 베토벤, 하이든을 들 수 있다.

낭만주의 음악(1820~1900)은 강렬한 감정과 개성을 표현한다. 정형화된 형식에서 벗어나 실험적인 구조와 자유로운 형식을 추구한다. 서사적, 문학적 요소를 가미해 특정 주제를 묘사하는 음악이 발전했다. 풍부한 감정 표현을 위해 다양한 음색과 화성을 활용한다. 대표적인 음악가로 슈베르트, 쇼팽, 브람스, 차이콥스키가 있다.

현대 음악(1900~현재)은 음악가의 개성을 중시하기 때문에 다양한 형식이 공존한다. 전통적인 기법에서 벗어나 새로운 음악을 실험한다. 책에서 소개된 스트라빈스키는 복잡한 리듬과 혁신적인 음색을 편성하며 현대 음악으로 가는 발판을 마련했다.

─────── 클래식 음악 감상법 ───────

그냥 듣는 것도 좋지만, 음악가가 전달하고자 했던 감정과 서사를 이해해 보자. 그러기 위해서는 책에서 소개한 바와 같이 음악가의 생애나 예술 가치관을 알아보는 것이 도움이 된다. 곡이 만들어졌을 당시의 시대적 배경, 역사적 맥락 등을 살피면 의도를 파악할 수 있고, 공감하는 영역이 넓어진다. 음악가가 전하는 희로애락을 느낄 수 있다.

음악에 사용된 악기나 구조를 이해하면 풍부하게 음악을 감상할 수 있다. 예를 들어 바흐의 〈토카타와 푸가 D단조〉를 들을 때 각종 현악기, 관악기 속에서 오르간의 조화가 어떻게 이루어지는지 중점적으로 감상하면서 음악의 장엄함을 이해한다. 무엇보다 선입견 없이 클래식을 듣고 음미하는 태도가 필요하다. 클래식 음악 자체를 즐기며 자신의 감정을 솔직하게 읽는다.

깊이 보고 넓게 읽기

심화활동	• 이 책에 소개된 음악가의 대표 작품을 감상하고 감상문을 작성한다. • 가장 인상 깊은 음악가를 골라 음악가를 소개하는 포스터를 제작한다. • 음악가들이 살던 사회적 배경을 조사하고 음악에 미친 영향을 조사한다.
☺☺ 함께 읽기	• 클래식 음악의 괴짜들 2 (스티븐 이설리스, 비룡소) • 난처한 클래식 수업 1~8 (민은기, 사회평론) • 송사비의 클래식 음악야화 (송사비, 1458music) • 클래식이 알고 싶다 (안인모, 위즈덤하우스) • 하노버에서 온 음악 편지 (손열음, 중앙북스)

10대와 통하는 스포츠 이야기

탁민혁 | 철수와영희 | 2019

도서 분야 문화, 예술　　　　　　　**관련 과목** 체육

스포츠에 사회가 담겨 있다

올림픽 순위는 누가 정할까? 왜 한국은 야구를 하고, 인도는 크리켓을 할까? 태권도라는 말은 어떻게 탄생했을까? 육상 경기에는 왜 흑인 선수들이 많을까? 스포츠 경기를 보면서 한두 번 품었을 질문이다.

애초에 올림픽 순위는 없다. 올림픽 순위는 방송사나 신문사 같은 언론에서 경쟁 관계를 통해 흥미를 높이려는 수단이다. 한국은 야구를 하고, 인도는 크리켓을 하는 이유는 역사에서 찾아볼 수 있다. 한국에는 1905년 미국 선교사를 통해 야구가 들어왔고, 이후 일본의 지배 아래 야구가 발전됐다. 반면, 인도는 영국의 식민지였기 때문에 영국의 생활방식을 받아들여 영국인들이 즐겨 하는 크리켓이 자리 잡았다.

'태권도'라는 명칭은 1955년 육군 장군 최홍희에 의해서 만들어졌다. 우리나라의 전통 무예인 택견에서 착안해 '발 태(跆)'와 '주먹 권(拳)'을 합쳐 태권도라고 명명했다. 육상 경기에서는 흑인이, 테니스에서는 백인이 많이 등장하는 이유는 타고난 재능이나 취향으로 치부할 수 없다. 과거 인종차별이 심했던 사회 환경에서 흑인이 성공할 길은 운동이나 예능 쪽이었다. 그래서 흑인들은 사력을 다해 운동에 매달리고 그 과정에서 성공한 흑인 운동선수가 육상 경기에서 많이 탄생하게 되었다.

올림픽이나 월드컵을 챙겨보지 않더라도 유튜브만 켜면 내가 원하는 스포츠 경기를 관람할 수 있는 세상이다. 종목을 가리지 않고 시간에 구애받지 않고 우리는 스포츠를 소비하고 있다. 스포츠 경기 안에는 광고를 비롯해 방송, 언론과 같은 미디어가 중계 역할을 한다. 그러면서 스포츠의 순수한 목적이 다르게 해석되기도 한다.

평화와 공존을 모토로 유치하는 올림픽은 경쟁과 돈에 의해서 움직인다. 올림픽을 위해 과도하게 빚을 지기도 하고 환경도 파괴된다. 개인적으로는 올림픽 경기를 도박의 수단으로 활용하며 재산을 탕진하기도 한다. 올림픽 경기 송출도 돈에 의해 좌지우지된다. 방송국은 돈이 되는 방송을 송출하고, 인기가 없을 것 같은 종목은 아예 보여주지 않는다.

우리는 스포츠를 볼 때 사회, 정치, 경제적인 면에서 여러 방면으로 살피며 누구나 즐길 수 있는 스포츠는 무엇인지 고민할 필요가 있다. 재미를 위해 관람하지만, 스포츠의 화려함 뒤에 자칫 지나칠 수 있는 문제를 간과하지 말아야 한다.

《10대와 통하는 스포츠 이야기》는 스포츠를 단순히 운동 경기로 보지 않는다. 스포츠의 역사와 문화를 설명한다. 스포츠 속 불평등과 저항의 메시지도 전달한다. 스포츠가 어떻게 발전해 왔는지, 우리 삶에서 어떤 존재인지를 이야기한다. 스포츠 속에서 우리의 사회를 읽으며 스포츠를 즐기는 주인으로서 어떤 태도를 지녀야 하는지 생각해 보길 바란다.

───────── 스포츠사회학 ─────────

이 책은 스포츠를 사회와 연관하여 해석한다. 스포츠와 사회 간 관계를 연구하는 학문을 스포츠사회학이라고 한다. 스포츠사회학에서는 스포츠를 경제적 관점에서도 살핀다. 경제가 성장함에 따라 스포츠가 대중화되고 관련된 산업이 성장한다. 스포츠에 대한 사람들의 인식도 변화한다. 올림픽 같은 대형 스포츠 행사는 국가 경제에 긍정적인 영향을 미친다.

스포츠는 정치와도 연관이 깊다. 특정 국가의 목적을 달성하기 위해 스포츠가 활용된다. 국가 화합이나 타 국가와의 교류에도 스포츠는 중요한 역할을 한다. 대외적인 스포츠 경기로 평화 증진을 도모할 수 있다. 반대로 국가 간 갈등을 유발하거나 촉진하기도 한다. 그리고 스포츠 영웅을 앞세워 국위 선양의 의미를 부여한다.

이 외에도 스포츠사회학은 스포츠가 사회에 밀접하게 연관되며 사회 질서를 유지하는 데 도움이 되는지, 혹은 성차별, 인종차별, 경제적 불평등이 스포츠에서 어떻게 드러나는지 살핀다. 스포츠사회학자들은 사회 속에서 스포츠가 어떻게 상호작용하는지를 살피고, 보다 공정하고 올바른 방향으로 스포츠의 발전을 이끌고자 한다.

--- 운동선수 ---

운동선수들은 운동을 직업으로 삼아 자신의 기량을 갈고닦는다. 좌절과 실패를 겪으면서도 다시 도전하고 일어선다. 최고가 되겠다는 의지 아래 매일 혹독한 훈련을 견딘다. 운동선수들은 팀과 조화를 이루며 경기해야 한다. 승부의 세계에서 그들은 서로 경쟁하는 라이벌이기도 하고 성장하는 친구이기도 하다. 상대를 동반자로 여기고 각자 실력을 인정하며 자기 기량을 최적화하는 게 진정한 운동선수일 것이다. 우리는 운동선수들에게서 삶의 태도를 배운다.

　오늘날 스포츠는 본래 취지에서 벗어나 과도하게 상업화됐다. 선수를 돈의 가치로만 여기는 경향이 짙다. 중계방송을 타고 남자다운 모습, 여자다운 모습을 강요하며 은근하게 사람들을 자극한다. 경기 중 보이는 인종차별 문제는 여전히 눈살을 찌푸리게 한다. 성과 위주에 매몰되어 약물을 사용하거나 학대 수준으로 선수에게 훈련을 요구하는 것도 화려한 경기장의 뒷모습이다. 좋아하는 선수나 팀을 극단적으로 옹호하며 폭력적인 사건으로까지 번지는 팬 문화도 문제이다. 즐겁게 즐기는 것이 스포츠일 것이다. 스포츠를 놀이처럼 즐기는 주인이 되기 위해 차별과 편견 없는 스포츠가 될 수 있도록 비판적으로 바라보는 안목을 키워야 한다.

깊이 보고 넓게 읽기 💡

 심화활동	• 금메달의 인식 변화에 대한 자료를 조사하고 보고서를 작성한다. • 스포츠 경제와 관련된 신문 기사를 찾아 읽고 내용을 요약한다. • 올림픽 관람의 올바른 태도는 무엇인지 토론한다.
 함께 읽기	• 스포츠 인문학 수업 (강현희, 클랩북스) • 스포츠 에이전트의 겉과 속 (박성배 외, 인물과사상사) • 스포츠 진로 찾기 (임성철 외, 한올출판사) • 쫌 이상한 체육 시간 (최진환, 창비교육) • 건투를 빌어요 (정일화 외, 크루)

수학 귀신

한스 마그누스 엔첸스베르거 | 비룡소 | 2019

도서 분야 수학, 과학   관련 과목 수학

수학 소설의 고전

《수학 귀신》은 20년 동안 전 세계에서 꾸준히 사랑받은 고전이다. 수학을 싫어하는 소년 로베르트가 꿈속에서 수학 귀신을 만나 보내는 열두 밤을 그리고 있다. 수학 귀신은 로베르트를 만나 수학 원리를 쉽고 재미있게 설명한다. 마법처럼 말이다. 수학 용어에 질려버리지 않게 거듭제곱을 '깡충 뛰기'로, 소수를 '근사한 숫자'로, 조합은 '자리 바꾸기'로, 제곱근은 '뿌리 뽑기'로 말하며 로베르트가 수학에 푹 빠지도록 한다. 로베르트는 수학 귀신과 열두 밤을 보내며 다음과 같은 수학의 원리를 하나 둘 깨우치게 된다.

첫 번째 밤 – 숫자 1, 무한히 큰 수, 무한히 작은 수

두 번째 밤 – 숫자 0, 로마 숫자, 십진법, 음수, 깡충 뛰기(거듭제곱)

세 번째 밤 – 나눗셈, 근사한 수(소수素數)

네 번째 밤 – 소수(小數), 순환소수, 무리수, 뿌리(제곱근)

다섯 번째 밤 – 삼각형 숫자, 정사각형 숫자

여섯 번째 밤 – 피보나치수열

일곱 번째 밤 – 숫자 삼각형(파스칼의 삼각형)

여덟 번째 밤 – 순열, 조합, 쾅(팩토리얼)

아홉 번째 밤 – 평범한 숫자(자연수), 무한, 급수

열 번째 밤 – 무리수, 황금비율, 오일러의 법칙: 다면체의 정리

열한 번째 밤 – 증명, 명제, 공리

열두 번째 밤 – 클라인 병, 허수(i), 파이(π), 수학 귀신들

보이는 바와 같이 소인수분해, 정수와 유리수, 유리수와 순환소수, 제곱근과 실수, 원의 성질 등 중학교에서 배우는 수학의 원리가 이 책에 포

함되어 있다. 또한, 고등학교 수학에 나오는 극한값, 무한급수, 오일러의 법칙까지 다루고 있어 중학생이라면 유익하게 볼 수 있는 책이다.

로베르트는 러셀, 클라인, 칸토어, 오일러, 가우스, 피보나치, 피타고라스, 파스칼, 칸토어 같은 유명한 수학자를 만나는데, 수학 이론과 함께 로베르트가 만나는 수학자의 이름을 눈여겨보자. 예상했겠지만, 수학을 싫어하던 로베르트는 수학 귀신과 열두 번의 밤을 보내며 보켈 박사가 낸 문제를 아주 쉽게 세련된 방법으로 풀어낸다.

수학을 싫어하는 아이들도 수학이 좋아지게끔 하는 마력이 있는 소설이니 일독을 권한다. '수학은 문제 풀기'라는 고정관념을 깨뜨릴 책으로 충분하다. 책을 읽고 뒷부분에 있는 '찾아보기'에서 필요한 내용을 찾아 다시 읽으며 수학 이론을 제대로 이해하길 바란다. 이 책을 읽은 다음 여러분의 꿈에도 수학 귀신이 나타날지도 모르겠다.

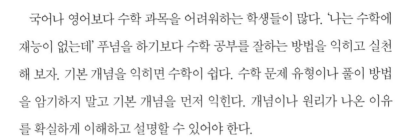

──── 수학을 잘하는 방법 ────

국어나 영어보다 수학 과목을 어려워하는 학생들이 많다. '나는 수학에 재능이 없는데' 푸념을 하기보다 수학 공부를 잘하는 방법을 익히고 실천해 보자. 기본 개념을 익히면 수학이 쉽다. 수학 문제 유형이나 풀이 방법을 암기하지 말고 기본 개념을 먼저 익힌다. 개념이나 원리가 나온 이유를 확실하게 이해하고 설명할 수 있어야 한다.

기본 개념을 익혔다면, 다양한 문제를 풀며 개념을 응용하는 연습을 한다. 시간을 많이 투자해 많은 문제를 풀수록 실력이 올라간다. 공부는 모르는 것을 알아가는 과정임을 알고, 모르는 문제를 더욱 파고들며 공부한다. 기본, 응용 문제를 풀었다면 심화 문제까지 정복하며 공부한다.

그리고 틀린 문제는 다시 틀리지 않도록 오답 노트를 만든다. 틀린 이유를 분석하고 다시 풀어보며 실수를 반복하지 않도록 연습한다. 기억력에는 한계가 있음을 인정하고, 간격을 두고 복습한다. 주기적인 복습이 기억을 강화시킨다. '나는 할 수 있다'는 마인드로 공부한다. 당장 시험 결과가 좋지 않더라도 자신을 믿고 과정에 충실한 태도로 공부한다.

──── 이 책에 등장하는 수학 개념 및 원리 ────

1. **골드바흐의 추측** : '2보다 큰 모든 짝수는 두 소수의 합으로 나타낼 수 있다'라는 추측이다.

2. **오일러의 법칙** : 면의 수(F), 꼭짓점의 수(V), 모서리의 수(E)로 다면체의 구조를 나타내는 'F+V=E=x'로, x는 평면 도형일 때 1, 입체 도형일

때 2이다. 이 '다면체의 정리'는 위상 수학의 기본이 되는 개념이다.

3. **피타고라스 정리** : 직각 삼각형의 빗변을 한 변으로 하는 정사각형의 면적은 다른 두 변을 각각 한 변으로 하는 두 정사각형의 면적의 합과 같다는 정리이다.

4. **황금 분할** : 한 선분을 둘로 나눌 때, 전체에 대한 큰 부분의 비와 큰 부분에 대한 작은 부분의 비가 같도록 나눈 것이 가장 아름답고 조화로운 모양이라고 생각하여 황금 분할이라고 부른다. 이 비는 약 1 : 1.618이다.

깊이 보고 넓게 읽기

심화활동	• 수학이 싫은 이유에 대한 생각을 나누고 이를 극복할 만한 방안을 토론한다. • 책에 소개된 수학 개념과 원리를 보고서에 정리한다. • 책에 등장하는 수학자에 관해 자세히 조사하고, 카드뉴스를 만들어 SNS에 소개한다.
함께 읽기	• 이런 수학은 처음이야 (최영기, 21세기북스) • 이상한 수학책 (벤 올린, 북라이프) • 아주 이상한 수학책 (벤 올린, 북라이프) • 미적분의 쓸모 (한화택, 더퀘스트) • 중학수학 개념사전 93 (조안호, 폴리버스)

최재천 | 움직이는서재 | 2015

도서 분야 수학, 과학   **관련 과목** 과학, 국어

자연과학자의 일생에 영감을 준 책들

최재천 교수는 세계가 주목하는 자연과학자다. '개미 박사'로도 불리는 그는 개미에 대해 깊이 연구했다. 에드워드 윌슨의 《통섭》을 번역하며 '통섭'이라는 용어를 알렸고, 학문 간 융합을 강조한다. 그는 생태계의 섭리를 설파하며 자연과학과 인문학을 넘나든다. 통섭을 실천하며 과학의 대중화를 이끌고 있으며 저술 활동도 활발히 한다.

《과학자의 서재》는 최재천 교수의 뜨거운 삶을 기록한 자서전이다. 어린 시절부터 과학자가 된 지금의 모습까지 시간 순서대로 쓰였다. 여러 방황을 통해 꿈을 이뤄나가는 과정과 자기다움을 찾아가는 길을 보여준다. 그러면서 그가 성장의 길에 만났던 주옥같은 책을 소개한다. '과학자의 서재'는 절명의 순간에 안내자가 되어준 영혼의 책들이 담긴 공간을 상징한다.

강릉 출신의 놀기 좋아하던 어린이 최재천은 어머니의 학구열에 서울로 이주했지만, 자연이 살아있는 강릉 생활을 그리워하며 유년 시절을 보낸다. 명문 중학교에 입학했지만, 공부보다 '시'에 빠져 살았다. 미술에 재능을 발견하고 조각가를 꿈꾸기도 했다. 대학에 입학한 후 사진 동아리, 문예반을 오가며 동물학과 전공 공부보다 동아리 활동에 푹 빠졌다.

지금의 학문과는 전혀 거리가 먼 방황을 일삼았는데, 에드먼즈 교수를 만나고 생물학 공부를 위해 유학을 떠났다. 그는 열대 개미 연구를 통해 생물학 학계에 이름을 떨쳤으며, 미국 대학 문화를 경험하며 지식에서 통섭의 중요성을 깨닫고 실천하고 있다.

책이 넉넉지 않았던 유년 시절 그는 《동아백과사전》을 틈만 나면 읽었다. 신기한 동물을 보며 호기심과 탐구심을 길렀다. 《세계동화전집》을 감명 깊게 읽고 세상과 자연을 대하는 태도가 달라졌다. 중학생 시절에는 〈감자〉, 〈배따라기〉, 〈메아리〉 같은 한국 단편 문학에 흠뻑 빠져 문학 소년으로 살았다. 이후 '노벨문학전집'을 사 모으며 문학에 심취했다. 특히, 〈모닥불과 개미〉가 들어 있는 책은 머릿속에 깊이 남게 된다.

대학 시절 《우연과 필연》을 만나 방황의 늪에서 빠져나오고 생물학 세계의 문을 열었다. 생물학을 공부하며 만난 《이기적 유전자》는 유전자의 관점에서 세상을 바라본 책으로, 가치관을 송두리째 바꿔 버리며 행복한 과학자의 길을 개척하게 했다.

저자는 '글 잘 쓰는 과학자'로 통한다. 생물학에만 전념했을 것 같은 저명한 과학자가 걸어온 길을 살펴보면 왜 글을 잘 쓰게 됐는지, 어떻게 해서 통섭을 실천하려고 하는지 깨닫게 된다.

저자는 자연에서 뛰놀고 시를 좋아하고 조각을 사랑했다. 책을 통해 세상과 소통하고 꿈꾸게 되었다. 가슴속에 자리 잡은 꿈을 간직한 채 여러 분야를 통섭하며 과학자로 살고 있다. 방황 속에서도 자기만의 방식으로 멋지게 살아간 대가의 모습을 보고 여러분도 '자기답게 사는 길'이 무엇인지 점검하길 바란다.

---------- 통섭 ----------

통섭은 서로 다른 것을 한데 묶는 지식의 대통합이다. 인문학과 자연과학의 만남 등 지식을 통합하여 문제를 해결하고 새로운 지식을 창출하는 것을 의미한다. 지식 간의 경계를 허물고 상호 연결성을 강조한다. 다양한 시각으로 사회 문제에 접근하며 창조적으로 해결하려 한다.

---------- 독서의 효과 ----------

저자는 책을 통해 호기심, 탐구심을 기르고 다양한 꿈을 키웠다. 책은 세상과 소통하는 창구였고 삶을 살아가는 길잡이가 됐다.《동아백과사전》은 몰랐던 사실을 알아가는 재미를, '세계 동화 전집'은 우정, 사랑, 정의 등 추상적인 개념에 대한 이해와 상상력을, '한국 단편문학'은 문학적인 감수성을 알려 줬다.

'노벨문학상 작품집'은 다른 나라의 역사, 지식을 습득하게 해주며 생각의 확장을 불러일으켰다. 〈모닥불과 개미〉는 과학과의 첫 만남을, 〈우연과 필연〉은 진로에 대한 확신을, '사회생물학'은 학문적 관심을,《이기적 유전자》는 그의 인생관을 송두리째 바꾸며 인생에 영향을 주었다.

---------- 바람직한 독서 방법 ----------

저자는 책을 읽고 지식을 습득하는 것에서 머무르지 않고 이를 자기 삶과 연결하여 생각했다. 책 내용을 자기 경험과 현재 상황에 결부시켜 나름대로 해석하고 깨달음을 얻었다. 관심 분야 책을 읽은 후 궁금하고 더

알고 싶은 부분을 찾아 그와 관련된 책을 연계하여 읽으며 폭넓은 사고의 과정을 거쳤다. 주체적으로 지식을 해석하며 책의 지식을 자기 것으로 체화하고 실천했다. 문자를 읽는 것에서 그치지 않고 깊이 생각하고 깨닫는 독서는 지식을 쌓고 의식을 성장시키는 활동이 된다.

깊이 보고 넓게 읽기

 심화활동	• 독서의 효과에 관해 토론한 후 바람직한 독서 태도에 대해 고찰한다. • 저자가 《이기적 유전자》를 읽고 좌절한 이유와 극복한 방법을 구체적으로 설명한다. • 읽은 책 목록과 인생 책을 정리한 '나만의 서재'를 만들고 친구들에게 소개한다.
 함께 읽기	• 최재천의 공부 (최재천, 김영사) • 생명이 있는 것은 다 아름답다 (최재천, 효형출판) • 최재천 교수와 함께 떠나는 생각의 탐험 (최재천, 움직이는서재) • 희망의 밥상 (제인 구달, 사이언스북스) • 책은 도끼다 (박웅현, 인티N)

우주에 관한 30가지 이야기

이렇게 광활한 우주를 더 알고 싶어.
어떤 실험을 해야 할까?

우선 이 책은 칼 세이건의 《코스모스》와 관련이 없다. 역사상 가장 많은 사람이 읽은 천문학 도서인 《코스모스》는 140억 년의 우주 역사를 담아낸 명작이다. 우주의 탄생부터 물리학, 천문학, 인류의 역사 등을 아우르며 우주 이야기를 심도 있게 다룬다. 다만 그 책을 접하기 전에 《청소년을 위한 코스모스》를 읽으면 3만 2천 년 전 선사 시대부터 최근 50년 전의 이야기까지 천문학의 역사를 쉽고 재미있게 파악하는 데 도움이 된다.

천문학은 우주의 구조, 천체의 생성과 진화, 천체의 역학적 운동 등을 연구한다. 천체의 물리적인 질량, 온도, 나이, 광도, 거리 등을 전문적으로 따지는 학문이라 다소 어렵게 느껴진다. 이 책은 청소년들의 눈높이에서 천문학을 쉽고 재미있게 설명하며 신비로운 우주의 세계를 설명한다. 천문학과 관련된 가장 중요한 30가지의 과학적 발견을 시대 순으로 소개하며 우주의 비밀을 하나 둘 밝히고 있다.

3만 2천 년 전 선사 시대 인류가 달 위상을 관찰하고, 7천 년 전 메소포타미아인들이 별자리를 고안하며 천문학이 시작됐다. 3천 년 전 이집트인들은 해시계를 발명했고, 2천 4백 년 전 그리스인들은 신들의 이름에서 영감을 받아 행성에 이름을 지어 주었다. 2천 3백 년 전 아리스토텔레스는 지구는 둥글다고 주장했고, 헤라클레이데스는 지구가 도는 것을 발견했다. 2천 2백 년 전 히파르코스가 별들을 밝기에 따라 분류하고, 중국인들은 무려 2천 년 전에 태양흑점을 관측했다.

이 외에도 1천 1백 년 전 알 수피가 안드로메다은하를 발견하고, 1천 년 전 중국인들이 초신성을 관측했다. 4백 년 전 갈릴레이가 망원경으로 하늘을 관측했고, 1백 50년 전 스키아파렐리가 별똥별의 기원을 이해했다. 이 책에는 고대부터 허블이 우주 팽창을 발견하고, 닐 암스트롱이 달 표면을 걷는 50년 전까지 위대한 천문학 서사가 펼쳐진다.

'알고 넘어가야 할 과학 지식' 코너에서 전문적인 과학 용어에 대한 설명을 덧붙인다. 천문학 역사를 가볍고 흥미롭게 읽은 다음 교과서에 실릴 듯한 전문 용어들도 점검하기에 적합하다.

이 책의 가장 큰 특징은 역사 속 과학적 발견을 직접 실험으로 재현해 볼 수 있게 소개했다는 점이다. 손전등을 사용해 달 위상을 재현하고, 신발 상자를 변형해 어둠상자를 만들 수 있다. 누구나 쉽게 따라 할 수 있는 실험부터 천문대를 직접 방문하거나 석 달간의 실험을 통해 지구의 기울기를 측정하는 등 깊이 탐구할 수 있는 실험도 실렸다. 과학적 발견들을 몸소 재현한다면 갈릴레이 부럽지 않은 경험을 하게 될 것이다.

인류는 우주에서부터 시작한다고 말한다. 그래서 과학의 많은 영역 중에 인류가 처음 탐구한 학문이 천문학일지 모른다. 천문학이 막연하고 어렵게 느껴졌다면 오랫동안 이어져 온 우주 탐구를 역사적으로 살펴보길 바란다. 역사 속 위대한 발견을 실험으로 직접 재현한다면, 우주의 무궁무진한 원리를 알게 될 것이고 밤하늘의 별도 달리 보일 것이다.

── 천문학의 역사와 앞으로 나아갈 길 ──

인류가 별과 행성을 관찰하며 천문학이 발전했다. 인류는 달력을 만들고 관측기구를 발명했으며 천문학적 계산법을 창조했다. 근대에 코페르니쿠스가 태양중심설을 내세우고 갈릴레이는 망원경으로 하늘을 관측했다. 케플러는 행성의 운동을 방정식으로 만들었으며, 호이겐스는 토성 고리를 발견했다.

20세기에 이르러 허블은 은하의 팽창을 발견했고, 닐 암스트롱이 달에 착륙했다. 우주에 관한 연구는 현재도 진행 중이다. 인공위성을 쏘아 올리고 행성 탐사에 관한 혁신적인 발전을 이룩하고 있다. 인공지능, 데이터 분석 기술의 발전은 앞으로의 새로운 발견과 심화 연구에 도움이 될 것이다. 천문학 동향을 살펴 과학적 통찰력을 갖추도록 하자.

── 천문학 실험 ──

책에 소개된 실험 중 흥미에 맞는 것을 골라 실험하고 보고서를 작성한다.

난이도 하 (★)	난이도 중 (★★)	난이도 상 (★★★)
달위상을 재현하자	화성의 이동을 관찰하자	해시계를 만들자
월식 때 지구의 둥근 그림자를 관찰하자	태양흑점을 관찰하자	변광성을 관찰하자
지구반사광을 그려 보자	거대한 안드로메다은하를 찾아보자	지구의 기울기를 측정하자
미니 태양계를 만들자	금성의 위상 변화를 관측하자	지구의 크기를 추산해 보자
미니 혜성을 만들자	별들의 색깔을 구분해 보자	게성운 M1을 찾아보자
목성의 위성들이 어떻게 움직이나 알아보자	3D 별자리 모형을 만들자	일식이 언제 돌아올지 계산해 보자

　천문학은 우주와 물질의 원리를 이해하는 학문이다. 우주의 기원, 별과 행성, 우주 탐사 등 우주와 관련된 방대한 지식을 심도 있게 탐구하는 학문이다. 따라서 천문학자는 우주에 대한 깊은 호기심과 탐구심이 있어야 한다. 세밀한 관찰력과 분석력이 요구된다. 거대한 우주의 움직임을 통합적으로 이해하려면 물리학, 화학, 지구과학 등의 기초 과학에 관해 전문적으로 해석하는 능력을 갖춰야 한다. 수학적 모델링과 계산도 필수다.

깊이 보고 넓게 읽기

|

심화활동	• 우리나라의 천문학 역사에 관해 조사한다. • 천문학과 관련한 직업을 찾고 자질에 대해 조사한다. • 책에 실린 천문학 용어의 뜻을 정리한다.

함께 읽기 | • 재밌어서 밤새 읽는 천문학 이야기 (아가타 히데히코, 더숲)
• 별이 빛나는 우주의 과학자들 (지웅배, 다른)
• 시간은 흐르지 않는다 (카를로 로벨리, 쌤앤파커스)
• 위험한 과학책 (랜들 먼로, 시공사)
• 코스모스 (칼 세이건, 사이언스북스) |

41 정재승의 과학콘서트

정재승 | 어크로스 | 2020

도서 분야 수학, 과학 　　　　　관련 과목 과학

경제학, 심리학, 사회학, 미학과 과학의 만남

과학은 어렵다는 통념을 깨는 책이다. 책의 저자는 뇌를 연구하는 물리학자 정재승 박사이다. 물리라고 하니깐 수학만큼이나 거부감이 드는가? 편견을 깨고 책을 펼쳐보자. 《정재승의 과학콘서트》는 교양 과학 도서인데 콘서트라는 단어를 쓴 것처럼 다양한 분야에서 과학이 어우러지는 현상을 보여준다. 저자는 우리 일상을 물리학의 눈으로 바라보며 재미있게 과학 이론을 설명한다. 출간 후 20년 넘게 중고등학교 과학 교양서로 꾸준히 사랑받는 책으로 과학에 흥미가 없는 학생들도 꼭 읽어 보길 바란다.

과학 지식은 우리 삶과 연관된다. 과학을 배운다는 건 인간에 대해 이해한다는 말이다. 자연 현상과 사물, 인간에 대한 관계를 알아가는 과정이 과학이다. 논리적으로 문제를 해결하고 기술 혁신으로 우리 삶을 편리하게 만드는 것도 과학이다. 궁극적으로 과학 공부는 우리가 살아가는 세상을 이해하고 탐구하면서 내가 누구인지, 세상은 무엇인지를 알고 복잡한 세상에서 행복하게 살아가는 법을 알아가게 한다. 교과서로만 과학을 접했다면, 이제 진짜 과학을 만나보자.

예를 들어, TV 프로그램의 방청객에 여자가 많은 이유를 무엇이라고 생각하는가? 저자는 웃음을 생리학적 관점으로 연구하는 이론을 소개한다. 남성과 여성의 웃음에 대한 반응이 다르고, 여성과 남성이 함께 있을 때 여성의 웃음 크기가 달라지는 것을 설명한다. '웃음은 전염된다, 웃음은 명약이다' 등 흔하게 접했던 웃음과 관련한 말을 과학적으로 풀어낸다.

저자는 근거 없이 떠도는 과학 상식을 객관적으로 따진다. 인간은 죽을 때까지 뇌의 10%도 채 못 쓰고 죽는다는 것. 위대한 과학자 아인슈타인도 자기 뇌의 15%밖에 쓰지 못했다는 이야기는 사실일까? 저자는 뇌가 활동할 때 뇌의 다양한 영역이 활발히 활동함을 뇌 촬영 영상기술을 통해 보여준다. 아인슈타인의 뇌도 보통 사람의 뇌와 비슷하고, 사용한 영역도 의심할 여지없이 온 뇌를 충분히 활용했다고 주장한다. 그러면서 가짜 과학을 의심하고 합리적으로 생각할 필요가 있다고 충고를 한다.

일상 속 머피의 법칙을 과학적으로 증명하고, 잭슨 폴록의 그림에서 프랙털 이론을 발견한다. 쇼핑의 과학을 들어 상술로 설계된 백화점의 복잡한 공간 구조를 보여주고, 만화 속에서 보던 가제트 형사가 뇌파로 조종된다는 사실을 알려준다. 이 외에도 분야를 넘나들며 과학 이론을 흥미롭게 풀어낸다.

이 책은 2001년 처음 세상에 나온 이후 2020년에 개정판이 출간되었다. 개정판에서는 인공지능을 대변하는 4차 산업혁명으로 바뀔 미래와 창의적인 아이디어의 비밀까지 담았다. 고도로 발전하는 복잡한 과학 세계를 설명하면서도 인간은 무엇을 해야 하는지 인문학적 관점에서 미래를 위한 핵심 키워드를 제시한다. 물리를 못 해도, 과학에 흥미가 없어도, 재미있게 읽을 수 있는 책이다. 콘서트에 온 것처럼 즐겁게 읽으며 신비한 과학에 흠뻑 빠져보길 바란다.

──── 과학적 사고 ────

과학적 사고의 시작은 관찰이다. 사람과 자연 세계를 면밀하게 관찰하고 질문을 품는다. 검증 가능할 만한 가설을 세우고 실험을 통해 증명한다. 확실한 답이 나오지 않는 이상 의심하고 새로운 질문을 내며 반복적으로 연구한다. 과학적 사고가 높은 사람은 합리적이면서도 유연하다. 반증하는 사실이 발견되면 겸허히 의견을 받아들이고, 그 의견 또한 실험을 통해 검증한다. 복잡한 세상에서 과학적 사고는 객관적 데이터를 근거로 합리적 결정을 하는 데 도움이 되고, 사람과의 관계에서 감정적으로 행동하지 않고 효과적으로 소통하는 데 도움이 된다.

──── 머피의 법칙 ────

머피의 법칙은 일이 항상 나쁜 쪽으로만 진행되는 현상을 말한다. 토스트를 떨어뜨리면 버터 바른 쪽이 바닥에 떨어지고, 마트에서 줄을 서면 꼭 내가 선 줄이 제일 긴 것처럼. 그렇지만 사람은 여러 경험 중 일부만 기억하고, 나머지 기억은 잊는다. 이를 '선택적 기억'이라고 부른다. 일반적으로 뇌는 부정적, 충격적 경험을 더 오래 기억한다. 머피의 법칙은 선택적 기억에 의해 부정적인 경험을 더 떠올리게 돼서 생긴다.

과학적 사고로 상황을 바라보려는 태도가 필요하다. 바닥에 떨어지는 면은 토스트의 회전과 중력에 의해 결정된다. 그리고 마트에 줄을 설 때 내가 서 있는 곳의 줄이 잘 줄어들지 않는 이유는 확률로 계산이 가능하다. 12개 계산 줄 중 나는 단 하나를 차지하고 있기에 나머지 11개가 더

빨리 줄어들 확률이 당연히 높다. 상황을 과학적인 눈으로 파악해 보자. 사실을 기반으로 한다면, 효과적으로 문제를 해결할 수 있을 것이다.

───────────── 쇼핑의 과학 ─────────────

경제학자 파코 언더힐은 소비자의 행동, 심리 등을 분석하여 사람들이 쇼핑할 때 어떻게 물품을 구매하는지 연구했는데, 이를 '쇼핑의 과학'이라고 부른다. 백화점에 들어온 사람들은 다른 사람들과 부딪히기를 꺼려했는데, 이 발견을 '부딪힘 효과'라고 말한다. 인간의 보편적인 특성을 관찰, 수집하여 구매 의욕이 높아지는 환경을 과학적으로 설명한다.

두 손이 자유롭게 마음껏 쇼핑할 수 있게 한 쇼핑 카트, 백화점 1층에는 없는 화장실, 창문을 만들지 않은 백화점, 계산대 옆에 진열된 껌과 초콜릿 등은 소비자의 심리나 과학적 근거를 들어 구매를 유도하도록 설계한 것이다.

깊이 보고 넓게 읽기 💡

 심화활동	• 머피의 법칙을 경험했던 사례를 들고 어떤 과학적 사고가 필요할지 생각해 본다. • 거짓 과학 정보를 조사하고 비판적인 시각으로 정보의 진실성을 검증한다. • 일상에서 과학적 호기심과 과학적 사고력을 기를 수 있는 방법에 대해 토론한다.
 함께 읽기	• 재밌어서 밤새 읽는 물리 이야기 (사마키 다케오, 더숲) • 미스터리 과학 카페 (권은아, 북트리거) • 과학이 지구를 구할 수 있나요? (목정민, 서해문집) • 생명 과학 뉴스를 말씀드립니다 (이고은, 창비) • 과학을 보다 (김범준 외, 알파미디어)

24가지 청소년이 알아야 할 과학 상식

전기차가 정말 친환경 운송 수단일까? 스크린도어가 안전을 위협한다고? 가공 식품은 안심해도 될까? 순한 담배는 괜찮을까? 과학은 우리의 삶을 둘러싸고 있다. 무심코 지나치는 사물과 현상들은 과학적 산물인 경우가 많다. 흔하게 보는 전기차, 스크린도어, 가공 식품, 담배 등도 과학적 원리가 숨어져 있다. 이 책은 우리가 한 번쯤 궁금했을 호기심을 과학적으로 흥미롭게 풀어준다.

예를 들어, 정신없는 아침에 간단하게 먹는 옥수수 식빵, 햄, 과일 주스에도 과학을 찾을 수 있다. 옥수수 식빵에는 당연하게 옥수수가 들어 있다. 그런데, 과일 주스에도 옥수수가 첨가됐다는 사실을 아는가? 단맛을 내기 위해 과자나 음료에 들어간 것이 옥수수 전분을 인공적으로 분해한 과당이다. 과자나 음료 포장지에 적힌 '액상 과당'이 그것이다.

옥수수를 많이 먹는다고 건강에 해롭지는 않다. 그렇지만, 옥수수를 가공하거나, 다른 자연의 식재료를 화학적으로 변형시킨 가공식품은 얘기가 달라진다. 원재료의 특성은 사라지고 각종 첨가물이 뒤범벅된 음식이 과연 몸에 좋을지 생각해 봐야 한다. 아무리 식약청의 기준에 통과했을지라도 우리 몸에 좋은 음식은 자연 그대로의 음식일 것이다.

다른 예로, 우리를 보고 있는 CCTV를 탐구한다. 안전을 지키려고 설치한 온갖 CCTV의 단점을 들춘다. 누구나 설치할 수 있는 CCTV, 점차 소형화되고 무선 기능까지 추가되면서 몰래카메라로 사용되는 경우가 있다. 사생활 침해의 온상이 되고 CCTV 영상 유출은 여러 범죄에 활용되기도 한다. 경찰의 눈을 대신하는 CCTV의 순기능만 생각해서는 안 된다. 우리를 언제 위협할지 모른다는 자각심을 가져야 한다. CCTV의 예처럼 과학은 양날의 칼이다. 기술 발전을 맹신하지 말고 악용되는 경우를 예방하고 철저하게 대처하는 자세가 필요하다.

책에서는 이 외에도 안전을 지키기 위해 만든 지하철 스크린도어가 오히려 안전을 위협하는 경우, 진화의 결과로 인간이 단맛을 좋아한다는 사실, 친환경 운송 수단으로 알고 있는 전기차의 치명적인 오염 물질이 문제가 되는 경우, 지구온난화 때문에 열의 빈부 격차가 일어나는 현상, 암을 정복하기 위한 노력 등을 과학과 관련지어 설명한다.

코로나 19로 바뀐 스마트폰 사용 습관, 공유 자전거의 실상, 과학이 부른 새로운 중독인 인터넷 게임 중독의 실태를 과학 원리로 나타내며 청소년 독자들의 공감을 얻는다. 더불어 과학을 배워야 하는 이유, 과학자의 책임, 사회가 현대 과학에 대처하는 방법 등에 대해 구체적으로 알려주고 있어서 거시적으로 과학을 대하는 관점에 대해 깊이 사고하는 계기가 된다. 출판사에서 쓴 책 소개에는 '문과 체질도 이해할 수 있는 과학 교양서'라는 글귀가 있다. 그만큼 가볍고 쉽게 읽히는 생활 속 과학 상식이니 일독을 권한다.

—————— 과학자의 책임 ——————

엄청난 위력으로 수많은 사상자를 낸 원자폭탄을 알 것이다. 원자폭탄은 과학자에 의해 발명됐다. 원자폭탄으로 전 세계는 충격에 빠졌다. 원자폭탄을 발명한 과학자는 희생자들 목숨에 책임져야 할까? 아니면, 개발을 지시한 정부나 정치가가 책임을 져야 할까?

과학자의 사회적 책임은 윤리와 관련된 문제로 정답이 없다. 윤리학자 한스 요나스는 과학자의 책임에 대해 "현대 과학 기술을 통해 인간 행위의 본질이 변화된 시대이다. 과학자는 인간 행위의 본질을 바꾼 이들이므로 결과에 대한 책임 의식이 필요하다"라고 말했다. 다이너마이트를 발명한 알프레드 노벨은 다이너마이트가 무기로 활용된 과정에 책임을 느끼고 전 재산을 스웨덴 왕립 과학아카데미에 기부했다. 그렇다 해도 과학자는 사고가 일어난 후가 아닌 개발 전부터 책임을 져야 할 것이다.

—————— 사회 속 과학 ——————

과학 기술이 발전되면 모두 안전하고 행복할 것 같지만, 실상 그렇지 않다. 과학 기술은 각종 사회 현상과 복합적으로 연관되며 다른 양상의 위험들이 발생한다. 과학 기술을 맹목적으로 신뢰하고 추종하지 말고 사회 안에서 이해하려는 태도가 필요하다. 사회와 과학은 상호 작용하며 영향을 주고받기 때문이다.

예를 들어, 원자력 발전소를 생각해 볼 수 있다. 아무리 국가를 위해 원자력 발전소가 중요하더라도 공포심에 떨고 반대하는 시민들 의견을 묵

살하지 말고 서로 타협하며 문제를 해결해야 한다. 과학은 사회와 동떨어질 수 없다. 사회적 합의와 과학 기술의 협의를 이끌어야 한다.

─────── 과학의 양면 ───────

편리하고 안전한 생활을 보장해 주는 것 같은 과학 기술에, 부정적인 면도 존재하는 경우가 많다. 과학 기술의 양면성을 보여주는 사례를 생각해 보자. 이 책에 나온 사례 외에 또 다른 사례를 찾아 비판적인 시각으로 과학 기술을 탐구한다.

예를 들어, 유전자 조작으로 백신을 개발하여 전염병을 예방할 수 있지만, 생명을 경시하고 생태계 균형을 깨뜨릴 수 있다. 전기차가 단기간에는 친환경 운송 수단으로 보이지만, 장기적으로는 배터리에 따른 환경오염이 심각하다. 재미있는 놀이를 위한 개발된 컴퓨터게임이 청소년의 정서에 악영향을 미치고 중독 상태에 이르게 한다.

깊이 보고 넓게 읽기

심화활동	• 책에서 소개된 과학적 이슈 중 하나를 선정해서, 사회에 미치는 영향에 대한 보고서를 작성한다. • 미래 사회에서 필요한 과학자의 역할에 대해 사례를 들어 설명한다. • 기술 발전에 따른 과학의 양면성에 관해 토론한다.
😊😐 함께 읽기	• 하리하라의 과학 배틀 (이은희, 비룡소) • 야밤의 공대생 만화 (맹기완, 뿌리와이파리) • 아주 위험한 과학책 (랜들 먼로, 시공사) • 궤도의 과학 허세 (궤도, 동아시아) • 문과 남자의 과학 공부 (유시민, 돌베개)

43 누가 내 머릿속에 브랜드를 넣었지?

박지혜 | 뜨인돌 | 2013

도서 분야 경제, 인문, 사회   **관련 과목** 사회

마케팅 유혹에 빠지지 않는 합리적인 소비

어느 날 유행처럼 등장한 '등골브레이크'란 말이 있다. 등골브레이크는 부모의 등골이 부서질 만큼 경제적으로 부담이 가는 고가의 제품을 의미한다. 겨울이면 수십만 원대의 특정 브랜드 패딩을 너도나도 입으면서 생긴 말이다. 패딩 점퍼도 유행을 타는 터라 SNS에 유명 연예인이 입었다고 하면 따라 사길 거듭한다. 그 연예인이 입었던 제품은 한 달 용돈을 훌쩍 넘는데도 백화점 재고가 없다.

청소년의 소비는 성인만큼이나 큰 비중을 차지한다. 요즘 청소년들은 부모님이 사주는 옷과 신발을 그대로 받아 입는 게 아닌, 소비의 주체다. 또래 사이에서 유행에 동조하기 위해, 또는 개성을 살리고 싶어 제품을 소비한다. 옷에서부터 신발, 액세서리 등의 브랜드로 친구들 간의 서열이 나눠지기도 한다. 좋아하는 아이돌이 입었다 하면 맹목적으로 제품을 따라 구매한다. SNS로 접한 또래 친구들을 모방하여 구매한 제품을 과시하듯 사진 찍고 SNS에 자랑한다.

기업은 이런 십 대 소비자의 소비 습관과 필요를 분명히 알고 있다. 어떻게든 이윤을 남기기 위해 그들의 마음을 잡으려고 고도의 판매 전략을 쓴다. 자기네 제품을 사용하면 뭔가 더 멋지고 잘 나가는 것 같은 느낌이 들도록 브랜드 가치를 높이려 애쓴다. 사실 십 대가 좋아하고 중요하게 생각하는 브랜드는 마케터들에 의해 만들어진 허상에 가까운 이미지일지 모른다.

하루에 내가 보고 듣고 쓰는 브랜드가 얼마나 될지 생각해 보자. 우리는 최소 6천 개에서 8천 개 정도 브랜드에 노출된다. TV, 유튜브를 비롯해 드라마, 아이돌 뮤직비디오, 대형 마트 등 온갖 곳에서 브랜드가 십 대들을 유혹한다. 저마다의 브랜드 정체성을 만들어 우리 무의식에 이미지를 심어 넣는다. 예를 들면, 유니클로는 편안한 이미지, 나이키는 도전적이고 활동적인 이미지가 떠오른다. 삼성과 LG는 세탁기, 냉장고, 핸드폰 등 전자제품을 대표한다. 수많은 기업에서는 목적을 이루기 위해 다양한 방법을 동원해 머릿속에 브랜드를 심고 있다.

이런 브랜드 홍수 속에서 십 대 소비자는 마케터의 꾐에 넘어가 현명하지 못한 소비를 한다. 근거 없는 허상만 좇아 경제 수준에 맞지 않는 소비를 하기도 한다. 가격을 읽을 때 딱 10원 차이임을 인식하지 못하고 1,990원을 1,000원 대로 합리화하며 제품을 구매한다. 명품을 소비하면 사회적 지위가 높아 보이는 것 같은 착각에 짝퉁 명품을 소비하기도 한다.

《누가 내 머릿속에 브랜드를 넣었지?》에는 브랜드 이야기, 마케팅, 광고, 제품, 가격 등 기업 전략을 풍부한 예시를 들어 설명한다. 건강한 기업과 소비자 간 관계를 고찰하고, 십 대 청소년들의 합리적인 소비에 대해서 말한다. 친환경적 소비가 필요한 이유도 설명한다. 책을 읽고 개인의 삶뿐 아니라 공동체의 일원으로서 사회에 보탬이 되는 소비는 무엇인지 고민해 보자.

브랜드의 가치

브랜드는 제품이나 서비스에 고유성을 부여하려 쓰인 명칭, 기호, 디자인 등을 말한다. 다른 제품과 차별화하면서도 소비자에게 제품의 품질에 대한 신뢰도를 심어주는 역할을 한다. 무형 자산인 브랜드는 기업의 가치와 소비자가 추구하는 가치를 연결하며 소비자 충성도에 영향을 준다. 성공적으로 브랜드 가치를 높인 기업은 소비자에게 좋은 인상과 경험을 남기며 이익이 늘어난다. 특정 브랜드는 문화를 상징하는 아이콘으로 자리 잡으며 중요한 역할을 한다.

마케팅이란?

마케팅은 제품이나 서비스의 가격, 유통을 고려해 판매를 지원하는 활동을 말한다. 소비자의 욕구와 필요를 충족하도록 소비자와의 관계를 구축하는 전략을 주로 활용한다. 기업은 제품에 따라 타깃을 선정하고 시장 조사를 나선다. 급변하는 소비 환경에서 제품에 적합한 소비자의 특성을 이해하고 그에 맞는 마케팅을 진행한다.

기업에서는 경쟁 상품에 대한 동향도 세밀히 분석한다. 광고, 홍보, 판촉 등으로 소비자에게 좋은 인식을 심어주려고 한다. 효과적인 마케팅은 브랜드에 대한 긍정적 인식을 심어주고 소비 행위를 이끌어 판매를 증진시킨다.

합리적 소비는 예산을 파악하고 원하는 물품과 서비스 품질, 가격을 신중하게 고려한 후 구매하여 만족도가 높은 것을 말한다. 인터넷 쇼핑을 하다가 필요하지도 않은데 충동적으로 구매하는 행위, 예산을 벗어나 경제적 부담을 지면서까지 소비하는 행위는 합리적 소비라고 할 수 없다. 그저 예뻐 보여서, 혹은 과시하기 위해서 하는 소비는 지혜롭지 않다.

예산 안에서 계획성 있게 소비해야 한다. 필요한 물품과 그렇지 않은 물품을 구분하고, 장기적인 관점을 고려하여 소비하는 편이 올바르다. 욕심과 욕구를 면밀하게 따져가며 불필요한 지출을 줄여야 한다. 같은 제품을 사더라도 품질과 가격을 비교 분석하여 나중에 후회하지 않도록 최선의 선택을 하는 것이 바람직하다. 소규모 노동자의 권리를 보장하는 공정무역 같은 개념을 이해하며 사회 정의를 행동으로 실천하는 소비자가 될 필요도 있다. 환경을 생각하며 지속 가능한 소비를 추구하는 것도 미래 사회를 위한 합리적인 소비 형태이다.

깊이 보고 넓게 읽기

심화활동	• 나의 소비 습관을 점검하고 합리적인 소비 생활에 관해 토론한다. • 합리적인 소비 생활 실천 방안을 카드뉴스로 제작해 캠페인 활동을 한다. • 평소 익숙하게 소비한 브랜드의 역사와 마케팅 전략에 대해 조사해 본다.
함께 읽기	• 청소년을 위한 경제의 역사 (니콜라우스 피퍼, 비룡소) • 바빌론의 부자 멘토와 꼬마 제자 (조지 S. 클레이슨, 퍼스트펭귄) • 경제수학, 위기의 편의점을 살려라! (김나영, 생각학교) • 시장과 가격 쯤 아는 10대 (석혜원, 풀빛) • 꼰대 아빠와 등골브레이커의 브랜드 썰전 (김경선, 자음과모음)

44 오늘부터 나는 세계 시민입니다

공윤희, 윤예림 | 창비교육 | 2019

도서 분야 경제, 인문, 사회   **관련 과목** 사회

우리가 달성해야 하는 '지속가능발전목표'

세상은 급속도로 발전하고 있다. 기술 발전은 삶을 편리하고 풍요롭게 만들었다. 과학의 발전으로 많은 질병을 물리칠 수 있었고 생명이 연장됐다. 생산과 소비의 흐름은 빨라지고 편리해졌다. 다양한 문화가 생겨났고 정보 통신의 발전으로 사람들 간의 소통이 활발해졌다. 그렇게 세상이 윤택해지는 '발전'은 영원할 줄 알았다.

풍요로울 것만 같은 발전 뒤에는 빈부 격차, 환경 파괴, 식량 부족, 아동과 여성의 인권 문제 등이 대두됐다. 무분별하게 산림을 파괴하고 팜유 생산을 늘려 숲에 살던 동물과 식물이 멸종 위기에 몰렸다. 오늘날 해변에 버려지는 쓰레기의 70%는 플라스틱이다. 바다 생물은 플라스틱을 먹이로 오해해 먹고 죽는다. 세계화의 물결 속에 콜롬비아, 방글라데시, 태국 등에서는 아동의 노동을 착취한다. 과잉 소비로 넘쳐난 음식 쓰레기는 누군가 먹을 권리를 빼앗는다.

2015년, 유엔은 발전으로 내달리던 우리에게 경고하며 '누구도 소외되지 않게 한다'라는 핵심 원칙 아래 지속가능발전목표(SDGs)를 발표했다. 2030년까지 전 세계가 달성할 경제, 인권, 교육, 사회 문제, 환경 이슈 등 17개의 목표를 내세웠다. 유엔은 우리에게 닥친 문제들을 해결하고 지속가능발전목표를 성취하기 위해서는 세계 시민의 역할이 중요하다고 말한다. 세계를 올바른 방향으로 발전하도록 하는 것은 개인의 행동이라고. 세계의 변화는 세계 시민 의식을 함양하고 문제점을 자각하는 데서 시작된다고 강조한다.

《오늘부터 나는 세계 시민입니다》에서는 유엔이 지정한 다양한 세계 기념일과 지속가능발전목표 17개를 연결해 설명한다. 세계 여성의 날,

세계 물의 날, 세계 지구의 날, 세계 참치의 날, 세계 생물 다양성의 날, 세계 아동 노동 반대의 날, 세계 관광의 날, 세계 식량의 날, 세계 빈곤 퇴치의 날 등 달력에서 무심코 넘겼던 기념일의 진정한 의미를 찾을 수 있다. 각각의 기념일에 해당하는 세계 이슈로 우리 일상에서 흔하게 벌어지는 일들에 질문을 던진다. 그러면서 세계 시민으로서 당장 지킬 수 있는 실천 방법을 소개하고 있다.

지속가능발전목표를 달성하는 건 불평등 없이 누구나 행복하게 사는 세상을 만드는 일이고, 내 행복을 위한 일이기도 하다. 보다 정의롭고 번영하는 미래를 만드는 일이다. 지속 가능한 세상은 나의 손에 달렸다.

---------------- 유엔(UN)의 지속가능발전목표(SDGs) ----------------

1. **빈곤퇴치** : 모든 형태의 빈곤 종결

2. **기아종식** : 기아 해소, 식량 안보와 지속가능한 농업 발전

3. **건강과 웰빙** : 건강 보장과 모든 연령대 인구의 복지 증진

4. **양질의 교육** : 양질의 포괄적인 교육 제공과 평생 학습 기회 제공

5. **성평등** : 성평등 달성과 모든 여성과 여아의 역량 강화

6. **깨끗한 물과 위생** : 물과 위생의 보장 및 지속가능한 관리

7. **모두를 위한 깨끗한 에너지** : 적정 가격의 지속가능한 에너지 제공

8. **양질의 일자리와 경제 성장** : 지속가능한 경제 성장 및 양질의 일자리
   와 고용 보장

9. **산업, 혁신, 사회 기반 시설** : 사회 기반 시설 구축, 지속가능한 산업화 증진

10. **불평등 감소** : 국가 내, 국가 간의 불평등 해소

11. **지속가능한 도시와 공동체** : 안전하고 복원력 있는 지속가능한 도시와 인간 거주

12. **지속가능한 생산과 소비** : 지속가능한 소비와 생산 패턴 보장

13. **기후변화와 대응** : 기후변화에 대한 영향 방지와 긴급 조치

14. **해양생태계 보존** : 해양, 바다, 해양 자원의 지속가능한 보존 노력

15. **육상생태계 보호** : 육지생태계 보존과 삼림 보존, 사막화 방지, 생물 다양성 유지

16. **정의, 평화, 효과적인 제도** : 평화적, 포괄적 사회 증진, 모두가 접근 가능한 사법 제도와 포괄적 행정 제도 확립

17. **지구촌 협력** : 이 목표들의 이행 수단 강화와 기업 및 의회, 국가 간의 글로벌 파트너십 활성화

(출처 UN지원SDGs한국협회)

지속가능발전목표를 위한 세계 시민으로서의 역할

세계의 주체는 정부나 국가가 아닌 바로 '나'이다. 개인의 참여 없이는 세계가 직면한 문제를 해결할 수 없다. 일상의 작은 일부터 실천하며 세계 시민으로서의 자질을 기른다. 일상 속에서 실천할 수 있는 몇 가지 방법으로 다음과 같은 것들이 있다.

동물과 환경을 해치지 않는 물건을 소비한다.

항공비가 많이 드는 수입 과일보다 현지의 제철 과일을 먹는다.

일회용품을 사용하지 않는다.

천연 섬유로 만들어진 의류를 이용한다.

공정 무역제품을 구매한다.

아동 노동으로 만든 제품을 구매하지 않는다.

잔반을 남기지 않는다.

깊이 보고 넓게 읽기

 심화활동	• 지속가능발전목표가 필요한 이유에 대해 토론한다. • 지속가능발전목표를 카드뉴스로 만들어 SNS에 게시하고 캠페인 활동을 한다. • 지속가능발전목표를 위해 당장 실천할 수 있는 방안을 생각하고 실천해 본다.
함께 읽기	• 오늘부터 나는 생태 시민입니다 (공윤희, 창비교육) • 달력으로 배우는 지구환경 수업 (최원형, 블랙피쉬) • 미래 세대를 위한 건축과 기후 위기 이야기 (서윤영, 철수와영희) • 지구를 위한 소비 수업 (선보라 외, 휴머니스트) • 청소년을 위한 ESG(안치용, 마인드큐브)

45 10대를 위한 JUSTICE 정의란 무엇인가

마이클 샌델 | 미래엔아이세움 | 2014

도서 분야 경제, 인문, 사회   **관련 과목** 사회, 도덕

하버드대 마이클 샌델 교수가 가르쳐 주는 정의에 대하여

정의의 사전적 의미는 진리에 맞는 올바른 도리다. 사회 구성원들이 추구하는 가치로 인간이 언제 어디서나 추구하고자 하는 바르고 곧은 이념이다. 정의는 모든 사람의 자유와 연관되어 있다.

자유에 대한 동등한 권리를 가진다고 해서 모두 똑같은 조건을 배정하는 것만이 정의를 실현하는 것은 아니다. 때로는 사회적, 경제적 불평등이 공정하고 기회의 균등이 될 수 있으므로 무엇이 모든 이에게 이득이 될 수 있는지 생각할 필요가 있다.

십 대에게 무슨 정의가 필요할까 싶은 생각도 있지만, 십 대에도 도덕적 딜레마에 빠지는 경우가 있을 것이다. 무엇이 옳은 것인지, 내 선택이 정의로운 행동인지 고민하는 지점이 있다. 뚜렷한 근거 없이 헤맬 때 정의가 무엇인지 알고 있다면, 옳은 선택을 하는 데 도움이 된다.

이 책은 사회를 도덕적으로 유지하는 데 중요한 '정의'에 대해 이야기한다. 십 대의 눈높이에 맞춰 어떤 선택을 해야 할지 풍부한 사례를 보여준다. 도덕적 딜레마가 되는 상황을 묘사하고 각각의 선택이 어떤 결과를 낳는지 설명한다. 그리고 마지막에 마이클 샌델 교수의 해설이 정리되어 있어 정의가 무엇인지 깊이 생각할 수 있도록 돕는다.

책 속 사례를 들어보자. 시속 100km로 달리는 기차의 기관사가 있다. 운행 중 선로 위에 있는 노동자 5명을 발견했다. 그런데, 오른쪽 비상 철로에도 1명이 일하고 있다. 이때 기관사는 어떤 선택을 해야 할까? 진행 방향대로 5명에게 가야 할까, 방향을 틀어 비상 철로의 1명에게 돌진해야 할까? 결국엔 누군가 죽게 되는 상황이다. 5명이 죽는 게 옳은가, 죄 없는 1명을 죽게 하는 게 정의로운 선택인가? 여러분이라면 어떤 선택을 할지 고민해 보자.

마이클 샌델 교수는 이 사례를 통해 '행복 극대화'를 설명한다. 더 많은 사람이 더 많이 행복한 게 나은 선택이라는 의미다. 그렇다고 해서 행복 극대화를 위한 선택이 옳다는 말은 아니다. 이 사례의 경우는 어떤 결정을 내려도 도덕적으로 옳지 않은 결과를 낳는다.

'만화 영화와 셰익스피어의 연극 중 어떤 것이 사람을 행복하게 만들까?', '부자는 더 많은 세금을 내서 가난한 사람을 도와야 할까?', '뇌성마비로 휠체어를 탄 아이는 응원단이 될 수 없을까?' 등 여러 도덕적 딜레마를 책 속에서 만나보자. 책에 등장하는 열띤 찬반 의견을 읽고, 철학자들의 이론을 이해하며 어떤 선택이 정의를 위한 것인지 고찰해 보자.

선택은 여러분에게 달렸다. 마이클 샌델 교수가 다양한 예시를 통해 생각의 물꼬를 터주지만, 정의를 실현하는 것은 여러분 몫이다. '아직 어린데, 이런 것까지 고민해야 돼?'라고 생각하기보다 나에게도 닥칠 문제임을 공감하며 내 선택에 어떤 책임을 질 수 있을지 곰곰이 생각하고 답을 내려 보길 바란다. 그 생각이 모여 앞으로의 미래가 결정된다는 사실을 잊지 말자.

─── 공리주의 ───

이 책은 공리주의 입장을 비판한다. 공리주의는 '최대 다수의 행복'을 추구하는 철학 이념 중 하나로 '선'은 쾌락과 고통의 양에 따라 좌지우지 된다는 개념이다. 고통의 양이 줄고 그 결과 많은 사람이 쾌락을 취한다면 정의롭다고 생각한다. 자본주의의 바탕이 된 이념이기도 하다. 하지만, 최대한 많은 사람의 이익을 가져오면 행복하다는 생각은 모든 상황에 적용되지 않는 단점이 있다. 실용적인 면만 강조해서 개인의 권리나 정의를 무시할 수 있다. 결과로만 판단하기 때문에 양심과 도덕에 항상 부합될 수 없다. 이런 면에서 공리주의가 '선'이라는 생각은 위험하며 상황에 따라 신중하게 의사 결정을 해야 한다.

─── 자유지상주의 ───

자유지상주의는 개인은 하나의 독립된 존재로서 존중받을 가치가 있다는 개념이다. 개인의 권리와 자유를 최우선 가치로 여긴다. 자유지상주의자들은 경제 활동에 있어서도 개인의 자유를 보호하는 차원에서 정부의 개입을 최소화하기를 주장한다. 시장의 자율적인 원리에 따라 효율성이 높아진다는 관점이다.

자유지상주의자 로버트 노직은 '부자에게 더 많은 세금을 부과하는 것은 개인의 자유를 침해하는 것으로 정당하지 않다'고 봤다. 자유지상주의가 개인의 자유를 보장하는 건 사실이지만, 사회적인 측면으로 봤을 때 문제점이 드러난다. 사회적 불평등이 초래되고 저소득층이나 취약계층은 공공 서비스 부족으로 더욱더 사회와 조화를 이루지 못하게 된다. 개인의 자유를 지나치게 강조하면 돈을 받고 전쟁에 나갈 사람을 구한다든가, 아이를 대신 낳아주는 등 윤리적 문제에 직면할 수 있다. 자유지상주의의 장단점을 면밀하게 살펴 정의를 위한 옳은 선택은 무엇인지 고민해야 한다.

───────── 좋은 삶 ─────────

좋은 삶의 의미를 함께 고민하는 '공동 선'의 관점에서 정의를 실천해야 한다. 첫째, 시민의식을 갖는다. 사회의 일원으로 함께하는 좋은 삶을 고민하고 봉사 정신을 지닌다. 둘째, 시장주의의 한계를 인식한다. 경제 수치로 계산되는 시장주의의 한계를 이해하고 인간으로서 중요한 가치를 간과하지 않아야 한다. 셋째, 경제적 불평등을 적극적으로 해결하려고 노력한다. 넷째, 도덕적 가치가 중심이 되는 정치가 되어야 한다. 상호 존중하고 합의하며 도덕적 중립을 유지한다.

깊이 보고 넓게 읽기

심화활동	• '전차 기관사 딜레마'에 대해 논리적 근거를 들어 토론한다. • '부자에게 더 많은 세금을 부과해야 한다'는 주장에 대해 찬반토론한다. • 책에 소개된 철학자에 관해 사상, 생애, 주요 저서 등을 조사 후 보고서를 작성한다.
함께 읽기	• 10대를 위한 공정하다는 착각 (마이클 샌델, 미래엔아이세움) • 왜 세계의 절반은 굶주리는가? (장 지글러, 갈라파고스) • 나는 옐로에 화이트에 약간 블루 (브래디 미카코, 다다서재) • 선량한 차별주의자 (김지혜, 창비) • 공리주의 (존 스튜어트 밀, 현대지성)

46 왜요, 그 말이 어때서요?

김청연 | 동녘 | 2019

도서 분야 경제, 인문, 사회   **관련 과목** 사회, 국어

무심코 쓰는 차별의 언어

"어린애는 몰라도 돼" 이런 말을 듣는다면 어떤 기분일까. 당사자는 별 생각 없이 쓴 말이었을지 몰라도 듣는 입장에선 몹시 언짢을 것이다. 무시당한다고 생각할 것이다. "여자가 조신하게 행동해야지", "사내놈이 울긴 왜 울어" 등 알게 모르게 차별을 내포한 말도 많다.

비단 어른들만 사용하지 않는다. 뉴스에서도, 친구 간 대화에서도 발견할 수 있다. 《왜요, 그 말이 어때서요?》에서는 무심코 사용하는 말 중 비난, 차별, 혐오의 말을 찾아 나선다. 아무렇지도 않게 일상적으로 듣던 말을 비판적인 시각으로 바라본다.

국어사전 표준어로 등재된 '벙어리장갑'은 누구나 쓰는 말이다. '벙어리'는 언어 장애가 있는 사람들을 낮추어 쓰던 말이다. 지금은 거의 쓰이지 않는다. 하지만 벙어리장갑이란 말은 아무 의심 없이 쓰고 있다. 이 말에 장애인을 비하하는 뜻이 담겨 있다고 인식하는 사람은 몇 되지 않을 것이다. '벙어리장갑'을 '엄지장갑', '손모아장갑'으로 바꾸어 말하면 어떨까?

'벙어리장갑'처럼 무심코 쓰는 말을 꼼꼼히 점검해 볼 필요가 있다. '정부의 출산 장려 정책은 절름발이 정책', '장님 코끼리 만지듯 하는 수능 체제 개선 논의' 등 뉴스 제목을 비판적으로 바라보자. '절름발이'는 지체 장애인을, '장님'은 시각 장애인을 비하하는 말이니까 말이다.

차별의 언어는 곳곳에 있다. 우리는 일상생활에서 다양한 직업군을 만난다. 학교, 학원, 병원, 음식점 등에서 만나는 직업인들의 호칭을 생각해 보자. 누구에게는 '아줌마, 아저씨'라고 부르지만, 다른 누구에게는 '선생님', '-님'이라고 부른다. 음식점의 주인아줌마, 병원의 의사 선생님이 대표적이다. 소방관에게는 아저씨라고 부르지만, 판사에게는 판사님이라는 호칭이 자연스럽다. 직업에 귀천이 없다고들 얘기한다. 알면서도, 무의식중에 차별과 편견이 담긴 표현을 일상적으로 쓰고 있다. 직업을 존중하며 예를 갖추는 객관적 호칭을 고민해 보자.

모든 사람은 동등하다. 남자든 여자든, 백인이든 흑인이든, 돈이 많든 적든, 장애가 있든 없든 말이다. 과거부터 뿌리내린 고정관념이나 잘못된 인습으로 굳혀진 인식은 의식하지 못한 채 일상의 언어가 되어 아무렇지 않게 쓰이고 있다. '-충', '-린이'라고 친구와 장난쳤다면, 악의적인 의도는 아니었더라도 누군가는 불편하거나 마음 아플 수 있다는 사실을 알아야 한다. 이 책을 통해 다른 사람 입장이 되어 내 언어를 점검하고 예민한 언어 감수성을 기르길 바란다.

혹시 습관적으로 쓰는 언어에 차별, 혐오, 비하의 의미가 담긴 언어가 있었던 건 아닌지 한번 점검하자. 올바른 언어 습관으로 서로 존중하고 배려하는 사회를 만드는 데 앞장섰으면 한다.

내용 이해 개념 쏙쏙

— 차별적인 언어가 사회에 미치는 영향 —

벌레를 뜻하는 '-충'을 붙여 특정 집단을 무시하거나, 노인을 '틀딱'이라고 비하한 말은 대표적인 차별 언어다. 성차별, 인종차별, 장애 차별, 지역 차별, 직업 차별, 세대 차별 등 차별적 인식이 담긴 언어가 곳곳에서 대수롭지 않게 쓰이고 있다.

일상에서 쓰이는 차별적인 언어는 불평등을 조장한다. 알게 모르게 사람들 간에 편을 나누고, 특정 집단에 대한 부정적 인식을 드러낸다. 이는 특정 집단에 대한 고정관념으로 굳어진다. 다양한 집단 간의 소통이 단절되고 갈등이 유발될 수 있다. '나 하나쯤이야 괜찮겠지'라는 인식을 버리고 순화된 말을 사용하며 배려하는 사회를 만들자.

— 바꿔야 할 차별 언어 —

이 책에 언급된 다양한 차별 언어를 정리하고 순화하는 표현을 생각해 보자.

차별 언어	뜻	권하는 말
결손 가정	부모의 어느 한쪽 또는 쌍방이 없는 가족	한부모가족, 조손가족 등
장애우	장애인을 완곡하게 이르는 말	장애인
정상인	장애가 없는 사람	비장애인
미망인	배우자를 여읜 여성을 지칭하는 말	고(故) 아무개의 부인
처녀작	창작자가 처음 만든 작품	첫 작품

국립국어원의 '청소년 언어문화 실태 연구'에 따르면 많은 청소년이 비속어, 은어, 줄임말, 욕설을 사용하는 것으로 나타났다. 청소년들은 욕설이나 비속어에 담긴 뜻도 모른 채 습관처럼 사용하고 있다. 비속어나 욕설을 친근감의 표현으로 일상적으로 쓰며, 신조어나 축약된 말을 자연스럽게 표준어로 인식하는 문제가 발생하기도 한다.

이러한 언어문화는 세대 간 소통을 단절하고, 무의식중에 다른 사람에게 상처를 주기도 한다. 감정 표현이 극단적으로 향하며 갈등이 유발될 수 있다. 자신을 표현할 때 제한적이며 부정적 영향을 초래한다. 또한, 합리적 사고를 저해해 의사소통에도 어려움이 따른다.

언어는 그 사람의 인격이라고도 한다. 내가 사용하는 언어가 내포한 의미를 되새겨보며 바람직한 언어를 쓰도록 노력한다. 건강한 언어를 사용하며 긍정적인 자아를 형성하고 바람직한 관계를 맺자.

깊이 보고 넓게 읽기

심화활동	• 책에 나온 차별 언어 외에도 흔히 쓰는 차별 언어를 찾고 대체할 말을 생각해 본다. • 청소년 언어 감수성을 높이는 캠페인을 기획하고 카드뉴스를 제작해 본다. • 청소년의 올바른 언어 문화에 관해 토론한다.
함께 읽기	• 왜요, 그게 차별인가요? (박다해, 동녘) • 이 욕이 아무렇지 않다고? (권희린, 천개의바람) • 혐오, 나는 네가 싫어 (한세리 외, 천개의바람) • 욕 대신 말 (도원영 외, 마리북스) • 말의 품격 (이기주, 황소북스)

47 | 10대를 위한 총균쇠 수업

김정진 | 넥스트씨 | 2023

도서 분야 경제, 인문, 사회   **관련 과목** 사회

총, 균, 쇠에 의해 결정되는 세계 문명의 변화

서울대학교 도서관에서 10년 동안 대출 순위 1위를 차지한 재레드 다이아몬드의 《총, 균, 쇠》라는 책을 들어 봤을 것이다. 해마다 '서울대 필독서'로 소개되는 책으로 784쪽의 벽돌 같은 책이다. 호기롭게 책을 들었다가도 방대한 서사로 마지막 페이지까지 읽은 사람은 몇 되지 않는다.

그런 사람들을 위해 《10대를 위한 총균쇠 수업》은 《총, 균, 쇠》를 청소년을 위해 맞춤형으로 해설한 책이다. 우리나라 학자가 쓴 책이라 국내 정서에도 잘 맞는다. 《총, 균, 쇠》를 읽기 전에 이 책을 먼저 읽어 보자.

인류 역사 발전의 핵심 요소 3가지는 '총, 균, 쇠'였다. 여기서 총은 무기와 군사력을 뜻한다. 균은 세균, 질병과 전염병을 의미한다. 쇠는 도구, 농업을 비롯한 기술, 각종 개발을 뜻한다. 총, 균, 쇠가 지리 및 환경적 요인에 따라 작용하며 문명의 발전 경로가 변화해 왔다는 것이 책의 요지이다. 호모 사피엔스가 문명을 만든 약 1만 3천 년 전부터 농업 사회, 산업 혁명, 그 이후 국가가 생기는 과정까지 인류 문명 발전의 궤적을 따라간다.

재레드 다이아몬드는 생물학, 지리학, 인류학, 역사학, 언어학 등 다양한 학문을 아우르며 인류의 장대한 역사를 풀어낸다. 그는 '민족의 차이는 생물학적 이유가 아니다. 환경적 차이다. 그러니까 그 사람이 어디에서 태어났느냐가 중요한 거다'라고 말한다.

선진국은 비옥한 땅과 좋은 환경을 물려받아 선진국이 되었다고 주장한다. 이러한 주장은 지금껏 인종이나 문화에 따라 문명의 발전 정도가 달라졌다고 생각했던 사람들에게 충격이었다. 그들은 선진국과 후진국의 차이는 인종이나 문화적 우월성에 기인한다고 여겼기 때문이다.

역사를 돌이켜보면 유럽과 아시아가 다른 대륙보다 부와 권력을 빠르게 장악하였는데 이를 총, 균, 쇠로 설명한다. 유라시아는 사계절이 비교적 뚜렷하고 땅이 기름져서 농사가 잘 이루어졌다. 다양한 동식물이 자라며 가축을 기르는 데 다른 대륙보다 수월했다. 동물을 기르며 전염병이 생기고, 그에 대한 면역력이 길러졌다. 지리적으로도 장애물이 적어서 무기를 활용해 전쟁을 일으키고 식민지를 만들며 강대국이 되었다. 지리적 위치와 기후, 대륙의 환경적 요소에 의한 총, 균, 쇠가 종교와 국가를 만들고 정치 조직을 탄생하게 했다.

유라시아 대륙과 상반되게 아메리카, 아프리카, 동아시아, 태평양 민족이 낙후된 원인을 사람들의 역량이 아닌 지리적 환경에 의한 것이었음을 설명한다. 더불어 인류 역사의 흐름 속에서 중국, 대한민국, 일본 등이 어떻게 발전했는지도 상세하게 설명하고 있다.

《총, 균, 쇠》는 인류 역사를 단순하게 인종이나 문화 간 불균형으로 보지 않는다는 데 의의가 있다. 다양한 학문을 융합하며 넓은 시각으로 인류 문명의 발전을 이해하도록 도움을 준다. 책을 통해 환경적, 지리적 요인과 문명 발전 간 관계를 이해하고 총, 균, 쇠가 앞으로 어떻게 작용할지를 생각해 본다.

내용 이해 개념 쏙쏙

──────── 농경 사회 ────────

총, 균, 쇠의 발명을 위해 필요한 건 식량이다. 식량 생산에 가장 유리했던 사람은 농경민이었다. 농경민들은 대량생산을 위해 도구를 발명하고 기술을 발전시켰다. 금속 가공 기술은 군사 무기를 발명하는 데 도움이 됐다. 또, 식물을 작물화해 논밭을 일구며 안정적으로 정착했다. 노동력을 위해 아이를 많이 낳아 인구가 점점 늘어났다. 도시가 발달하고 다양한 직업이 생겼다. 권력 분배가 이루어지고 지배 계층이 생겨나고 사회적 불평등을 낳았다. 농경 사회에서는 닭, 돼지 등 동물을 가축화했다. 동물들은 병균을 옮겨 전염병 확산을 초래했고 면역력을 키우게 했다. 농경 사회는 총, 균, 쇠를 발전시켜 무리에서 민족으로, 민족에서 국가로, 국가에서 제국으로 문명을 발전시킨 중요한 전환점이다.

───────── 운명을 결정하는 지형 ─────────

재레드 다이아몬드는 문명 발전의 결정적인 차이를 일으키는 요인을 땅의 모양이라고 봤다. 유라시아 대륙은 유럽과 아시아가 가로로 연결된 형태로 뚜렷한 사계절이 있다. 생태계 다양성으로 풍부한 농작물 품종이 보장돼 농업이 발전됐다. 특별한 장애물 없이 동서로 이어진 대륙 형태는 기술과 문화의 전파를 수월하게 했다. 아메리카 대륙은 위, 아래로 긴 형태 지형이라서 기후대가 다양하고 농작물 전파가 어려웠다. 사람의 이동도 쉽지 않았다. 가축이 제한적이고 교류가 활발하지 않았다. 아프리카 대륙도 세로로 긴 형태이다. 같은 대륙이어도 위도가 달라져 기후, 생활방식, 문화가 달랐다. 식물 전파가 제한적이고 기술과 문화 교류가 어려웠다. 오세아니아 대륙은 남반구에 위치한 대륙으로 고립돼 대륙 간 교류가 매우 제한적이다. 가장 넓은 땅을 차지한 호주의 경우 전체 면적의 90%가 사막이나 고원으로 이루어져 농경에 적합하지 않았다.

아메리카는 지리적 환경에 의해 유라시아보다 식량 생산과 가축화가 늦어졌다. 유라시아인들이 금속 기술을 이용해 총을 만들었을 때 아메리카인들은 장신구 제작 용도로 금속 기술을 활용했다. 유라시아인들이 활발한 가축화로 전염병에 대한 면역력을 키웠다면, 아메리카인들은 면역력 없이 유라시아에서 전파된 병원균을 맞이해야 했다. 이로 인해 많은 아메리카인들이 목숨을 잃었다. 유라시아가 급속도로 발전하고 문자를 발명하며 지식 혁명을 일으켰을 때, 아메리카인들은 상대적으로 농업 발전이 늦어 기술을 발전시키지 못했다. 이 외에도 유라시아는 정치, 종교가 발전한 반면, 아메리카는 그렇지 못했다.

깊이 보고 넓게 읽기

 심화활동	• 총, 균, 쇠의 의미를 이해하고, 제국주의를 설명한다. • 문명의 지리적 결정론에 대한 자신의 견해를 밝혀 찬반 토론한다. • 인류 역사에서 전염병의 역할을 알고, 코로나19가 사회에 미친 영향을 토론한다.
 함께 읽기	• 총, 균, 쇠 (재레드 다이아몬드, 김영사) • 지적 대화를 위한 넓고 얕은 지식 (채사장, 웨일북) • 지리의 힘 (팀 마샬, 사이) • 요즘 어른을 위한 최소한의 전쟁사 (김봉중, 빅피시) • 거꾸로 읽는 세계사 (유시민, 돌베개)

48 유튜브에 빠진 너에게

구본권 | 북트리거 | 2020

도서 분야 경제, 인문, 사회   **관련 과목** 사회

인스타그램, 유튜브, 제대로 알고 보자!

스마트폰 없는 하루를 상상해 보았는가? 스마트폰과 혼연일체가 되어 살아가는 청소년들에게 스마트폰 없는 시간은 반나절도 곤욕일 것이다. 유튜브에서는 재미있는 영상이 끊임없이 쏟아지고 심심하면 웹툰으로 눈요기한다. 인스타그램에 사진을 올리며 친구들과 소통한다. 청소년 95%가 스마트폰을 갖고 있고, 하루 평균 2시간 넘게 사용한다. 미디어 세계를 살아가는 청소년에게 스마트폰 없는 세상은 예측조차 힘들다.

"유튜브 좀 그만 봐!"라는 말은 태어나면서부터 스마트폰과 컴퓨터에 익숙한 디지털 네이티브에게 잔소리로만 들릴 뿐이다. 디지털 미디어가 해롭다고 디지털 원주민에게 디지털 기기를 뺏는 것만이 능사가 아니다. 어떤 것이든 긍정적인 면과 부정적인 면이 있듯이, 디지털 미디어를 제대로 이해하고 활용한다면 삶을 더욱더 풍요롭게 만들 수 있다.

《유튜브에 빠진 너에게》는 디지털 미디어에 익숙한 청소년들이 디지털 미디어를 제대로 이해하고 올바르게 활용하는 방법을 이야기한다. 'SNS', '유튜브', '인스타그램'의 특징과 청소년이 갖추어야 할 비판적 시각에 대해 안내한다. 소셜 미디어를 제한한 사람들의 행복지수가 높아졌다는 사실을 밝히며, 어떻게 SNS를 사용해야 할지에 대한 물음을 던진다.

그리고 해킹, 피싱 등 사이버 범죄에 휘말리는 SNS의 위험성을 알린다. 77억 명의 시청자를 거느리고 있는 유튜브에 우리가 빠질 수 없는 이유를 설명하고 유튜버의 번아웃이나 알고리즘으로 인한 정보 편식 등 유튜브의 문제점을 지적한다. 또한, 인스타그램의 등장 배경과 함께 이미지로 소통하는 특징을 설명한다. 인스타그램은 간편하게 나를 알릴 수 있는 매체이지만, 그 속에 진짜 나의 모습이 있을지 고민하게 한다.

저자는 디지털 미디어 외에도 언론 기사와 가짜 뉴스에 대한 비판적인 안목을 가져야 한다고 충고한다. 언론사는 여러 가지 사건 중에서 뉴스가 될 만한 정보를 선택하고, 중요도에 따라 뉴스를 배치하는 게이트키핑을 거쳐 뉴스를 선정한다. 훈훈하고 잔잔한 사건보다 긴박한 것, 과격한 것, 자극적인 것들이 뉴스가 될 확률이 높다.

언론은 국민의 눈과 귀이기 때문에 꼭 필요하지만, 특정 권력을 은근하게 대변하기도 한다. 사람들이 많이 본 뉴스는 자극적인 경우가 대부분이다. 진짜 중요한 뉴스는 무엇인지 비판적으로 볼 필요가 있다. 정교하게 진화되는 가짜 뉴스를 판별하며 읽는 눈이 필요하다.

주체적인 미디어 사용자가 되기 위해서는 비판적 사고력을 지녀야 한다. 무분별하게 미디어를 활용하는 게 아닌 미디어의 다양한 면모를 살피고 스스로 올바른 관계를 세워야 한다. 책을 통해 나의 미디어 활용 상태를 점검해 보자. 미디어의 긍정적인 부분과 부정적인 부분을 살펴 현명한 미디어 활용법을 실천하자.

―――――― 미디어 리터러시 ――――――

　미디어는 정보를 전달하는 모든 매체를 말하고, 리터러시는 글을 읽고 이해하는 능력을 의미한다. 따라서 미디어 리터러시라는 말은 다양한 매체를 통해 정보를 이해하고 분석, 평가한 후 활용하는 능력을 의미한다. 정보가 홍수처럼 쏟아지는 시대에 신문, 방송 같은 미디어와 더불어 인터넷, 스마트폰 등 디지털 미디어의 정보를 분별하고 활용하는 능력이 요구된다.

―――――― 슬기로운 SNS 사용법 ――――――

　SNS가 그 자체로 나쁜 건 아니다. 다양한 사람이 전하는 지식을 손쉽게 얻을 수 있고, 여론 형성으로 사회를 바꾸는 역할을 하기도 한다. 친구 맺기를 통해 다른 사람과 소통할 수 있고 재미를 느낄 수 있다. 하지만, 부정적인 면도 있으므로 슬기롭게 이용해야 한다.

　소셜 미디어의 '좋아요' 수를 행복의 잣대로 사용하지 않는다. 타인과 자신을 비교해 우울감에 휩싸이게 되고 현실을 비관하게 된다. 소중한 친구와 꾸준히 소통하고 깊은 관계를 맺는 편이 현명하다. 한 가지 더 유의해야 할 점은 인터넷에 올라가는 모든 사진은 누구나 볼 수 있다는 것이다. 수십 년이 지나도 영원히 박제됨을 잊지 말고, 문제 소지가 없는지 판단해야 한다.

딱 10분만 보겠다고 유튜브를 켰는데, 두세 시간이 훌쩍 지나간 경험이 있을 것이다. 알고리즘이 추천해 준 영상을 클릭하다 보면 시간이 빠르게 흐른다. 달콤한 휴식처럼 다가왔던 유튜브에 어느덧 중독돼 몸과 마음이 피곤해진다.

유튜브는 매스 미디어와 달리 알고리즘 추천 서비스로 우리 눈과 귀를 지배한다. 이러한 유튜브의 특성을 알고 조절하며 지혜롭게 활용해야 한다. 이미 중독되었다고 생각되면, 타이머를 활용해 보자. 적절한 시간을 설정해 제한된 시간 안에 유튜브를 시청한다. 목적에 맞는 영상만을 시청하고 불필요한 시간을 허비하지 않도록 한다. 그리고 비판적 시각으로 정보를 수용하고 사실 여부를 따져본다. 되도록 신뢰할 수 있는 콘텐츠를 시청한다.

깊이 보고 넓게 읽기

심화활동	• 우리 반의 디지털 미디어 습관에 대해 조사하고, 슬기로운 사용법에 관해 토론한다. • 가짜 뉴스 사례를 조사하고 가짜 뉴스 판별법에 대해 토론한다. • 미디어 리터러시의 중요성을 담은 카드뉴스를 제작하고 캠페인을 벌여본다.
함께 읽기	• 미디어 리터러시 쫌 아는 10대 (금준경, 풀빛) • 슬기로운 미디어생활 (권혜령 외, 우리학교) • 미디어 리터러시, 세상을 읽는 힘 (강용철 외, 샘터) • 10대와 통하는 미디어 (손석춘, 철수와영희) • 인공지능 시대, 십 대를 위한 미디어 수업 (정재민, 사계절)

49 토요일의 심리클럽

김서윤 | 창비 | 2011

도서 분야 경제, 인문, 사회 　　　　　**관련 과목** 사회, 도덕

실험으로 푸는 알쏭달쏭 심리의 세계

심심풀이로 심리테스트를 해봤을 것이다. 나는 어떤 성격인지, 내 생각과 행동이 어떻게 작용하는지, 사람들 사이에 감정이나 사고 패턴이 어떤지 이해하는 데 도움이 되리라 기대하면서 말이다. 인간의 행동과 인지, 정신 과정을 이해하는 학문인 심리학은 어려운 것 같지만 이미 우리는 자신과 타인을 알기 위해서 직간접적으로 탐색하고 있었다.

《토요일의 심리클럽》은 자기 마음은 잘 모르지만, 알고 싶은 청소년을 위한 심리학 공부 책이라고 볼 수 있다. 이 책은 열다섯 살인 주인공 안나를 중심으로 소설처럼 이야기가 전개된다. 안나는 심리학을 전공한 최이고 선생님이 개설한 '토요일의 심리클럽'에 가입한다. 안나 외에 연예인이 꿈인 용이, 심리학자를 꿈꾸는 주영이, 과학을 좋아하는 선아, 어딘가 신비스러운 열일곱 살 종찬이가 가입한다. 최이고 선생님과 아이들은 토요일의 심리클럽에서 각종 실험을 하며 심리학에 대해 몸소 체험한다.

'왜 자꾸 벼락치기를 하게 될까?, 한정 판매니까 갖고 싶은 걸까?, 첫인상은 왜 중요할까?, 창가 자리가 먼저 차는 이유는?, 글씨가 예쁘면 점수가 후해지는 이유는?' 등 일상에서 만나는 사례를 중심으로 심리학 이론을 설명한다. 그러면서 비합리성의 심리, 기억과 공부의 심리, 인간관계의 심리, 사회의 심리, 감각의 심리, 진화의 심리를 파헤친다. 심리테스트만 즐겼을 청소년들이 전문적인 심리학 이론을 재밌게 들려주며 심리학 지식과 정보를 제공한다.

책에 실린 27가지의 실험 중 '왜 자꾸 벼락치기를 하게 될까?'에 관해 살펴보자. 수행평가든 지필 평가든 벼락치기를 해본 경험이 있을 것이다. 벼락치기라는 인간의 자연스러운 심리를 '계획의 오류'로 설명할 수 있다. 계획의 오류는 우리가 어떤 일을 마무리할 때까지 소요되는 시간을 과소평가하여 예측하는 경향을 의미한다.

사람은 자신의 능력을 과대평가하고 주변에서 일어날 문제점에 대해 낙관적으로 생각하기에 예상 소요 시간을 짧게 잡는다. 미래의 상황이 별 탈 없이 진행될 거라는 비현실적인 기대로 계획을 세우는 경우가 허다하다. 부정적인 상황을 고려하여 시간을 계획하고, 예상보다 여유롭게 시간을 할당하여 공부 계획을 세우는 편이 현명하다.

계획의 오류 외에도 바넘 효과, 확증 편향 등 심리학 이론을 소개하고 심리학과 관련된 지식을 설명한다. 아래의 심리 주제들을 이해하면서 실제 생활에서 일어나는 나와 친구들의 심리 상태를 탐색해 보자. 인터넷에 떠도는 MBTI 테스트에서 나아가 이 책을 통해 자신의 성격과 마음을 깊게 이해할 수 있을 것이다.

내용 이해 개념 쏙쏙

──────── 심리학 ────────

인간의 행동과 정신을 탐구하는 학문이 심리학이다. MBTI도 일종의 성격 검사 도구로 심리학 이론을 바탕으로 만들어졌다. 심리학이라는 과목이 중학교 교육 과정에는 없지만, 인간 내면을 깊이 탐구하는 심리학을 배우면 다음과 같은 효과가 있다.

첫째, 자기를 이해하게 된다. 심리학을 통해 자신의 성격, 감정, 사고, 행동 등을 알 수 있다. 자아 성찰의 계기가 되고 긍정적인 방향으로 자기 정체성을 확립하는 데 도움이 된다. 둘째, 대인 관계 향상에 도움이 된다. 타인의 심리를 파악함으로써 대인 관계의 원리를 알게 되고, 친구나 가족을 더 잘 이해해 관계가 개선된다. 셋째, 문제 해결 능력이 향상된다. 의사 결정이나 갈등 상황에서 자신과 타인의 심리를 이해하며, 더 현명하게 문제를 해결할 수 있다. 넷째, 사회 이해 능력이 높아진다. 인간 내면을 이해함으로써 개인에서 더 나아가 사회 구조에 대한 인식 능력이 좋아진다. 정치, 경제, 문화 등 다방면으로 사회를 바라보는 안목이 생긴다. 다섯째, 자신의 장단점, 성격 등을 알게 되어 진로를 설계할 때 도움이 된다. 심리학은 직업의 성격을 파악할 때 중요한 정보가 된다.

국영수 공부할 시간도 없는데, 심리학을 언제 배우냐고 비판적으로 보기 전에 자기이해, 대인 관계 개선, 문제 해결력 향상, 사회 이해 능력 향상, 진로 탐색 기회 등 심리학의 유용한 점을 떠올려 보자. 나와 타인의 내면을 이해하며 개인의 성장에 긍정적인 영향을 미칠 것이다.

────────── 플라세보 효과와 노세보 효과 ──────────

1955년 미국의 헨리 비처 의사는 환자들에게 설탕으로 만든 가짜 약을 투여하며 실험했다. 진짜 약으로 알고 있던 환자들 중 35%가 증상이 호전되었다. 실제 약 효과는 없었지만, 가짜 약을 받고 치료될 것이라고 믿은 긍정적인 기대가 치유를 경험하게 했다. 이런 현상을 '플라세보 효과'라고 한다.

반대로 '노세보 효과'는 환자가 진짜 약을 받고도 약의 효과를 의심하거나 부정적으로 생각한 경우, 의사를 신뢰하지 못한 경우에는 건강이 나빠지는 경향이다. 부작용이 일어날 것 같은 믿음이 실제 신체에 부정적인 영향을 줄 수 있다는 이론이다.

　플라세보 효과와 노세보 효과는 내가 어떤 마음을 먹느냐에 따라 결과가 달라진다는 것을 잘 보여준다. 어떤 상황에서 '난 잘 될 거야'라는 믿음은 정말 되는 사람으로 이끈다. 긍정적인 마음은 건강한 몸을 만들 뿐 아니라 삶 자체를 즐겁고 희망차게 만든다.

 깊이 보고 넓게 읽기

🎓 심화활동	• 청소년에게 심리학 공부가 필요한 이유에 대해 토론한다. • 이 책에 실린 심리 이론 중 관심 있는 주제와 관련된 책을 더 찾아본다. • 플라세보 효과, 노세보 효과에 대한 경험을 친구들과 공유하고 토론한다.
🙂🙂 함께 읽기	• 스키너의 심리상자 열기 (로렌 슬레이터, 에코의서재) • 14살에 시작하는 처음 심리학 (정재윤, 북멘토) • 꿈의 해석 (지그문트 프로이트, 돋을새김) • 아내를 모자로 착각한 남자 (올리버 색스, 알마) • 미움받을 용기 (기시미 이치로 외, 인플루엔셜)

50 십 대가 알아야 할 인공지능과 4차 산업혁명의 미래

전승민 | 팜파스 | 2024

도서 분야 경제, 인문, 사회   **관련 과목** 사회, 진로

십 대에 시작하는 디지털 입문서

스마트폰 없는 세상은 상상할 수 없다. 스마트폰 다음은 무엇일지 상상해 보았는가? 스마트 워치를 보면 미래 기술을 짐작할 수 있을 것이다. 손목 위의 컴퓨터는 안경으로, 옷으로, 몸에 입는 웨어러블 스마트 장치로 무궁무진하게 발전할 것이다. 과학 기술의 발전은 우리 삶을 완전히 바꾸어 놓았다. 영화 속에서나 일어나던 일이 현실이 되고 있다.

4차 산업 혁명이라는 말을 들어 봤을 것이다. 인공지능과 빅데이터, 통신, 인터페이스 기술 등 디지털 기술을 기반으로 산업 전반에 변화를 일으키는 현상을 일컫는다. 앞으로 기술 발전은 4차 산업혁명을 주도하고 미래는 또 다른 세상이 될 것이다. 따라서 4차 산업혁명으로 변화한 사회를 이끌어갈 주역인 청소년들은 4차 산업혁명이 무엇인지, 무엇을 준비할지, 어떻게 살아야 할지를 고민할 필요가 있다.

4차 산업혁명의 핵심 기술 중 하나는 인공지능과 데이터이다. 이 둘은 서로 보완적인 관계다. 인공지능은 데이터를 분석해 결과를 예측, 추론할 수 있다. 인공지능은 사람처럼 시행착오를 겪고 학습해 작업 생산성을 높인다. 고도의 인공지능이 발달하려면 학습에 필요한 유의미한 데이터가 있어야 한다. 연산 장치를 거쳐 컴퓨터에 입력되는 형태여야 한다.

인공지능, 데이터가 아무리 발전한다 해도 통신 기능이 없으면 무용지물이다. 지금껏 컴퓨터와 주변기기가 개발되면서 통신 기술이 함께 발전한 이유이기도 하다. 인터넷 유선 케이블, 블루투스, 와이파이 등 통신 기술은 점차 편리하고 빠르게 발달했다. 최근에는 사물과 사물 간 제어가 가능한 사물인터넷이 등장했으니, 통신 기술의 발전은 계속될 것이다.

인터페이스 기술도 4차 산업혁명에서 빼놓을 수 없는 주요한 기술이다. 인터페이스 기술이란 사람이 컴퓨터 기기를 편리하게 이용하기 위해 만든 기술이다. 스마트폰의 화면 터치 기술, 음성인식 기술 등을 예로 들 수 있다. 인간이 컴퓨터에게 명령을 내리려면 인터페이스 기술이 더욱 발전하게 될 것이다.

일부 사람들은 인간을 능가하는 인공지능이 미래를 지배할 것이라고 말한다. 인간이 범접할 수 없이 똑똑해진 컴퓨터를 우리는 어떻게 대해야 할까? 인류가 더 행복할 수 있는 방향으로 로봇을 대해야 할 것이다. 인간이 주체가 되어 로봇이나 인공지능이 필요한 이유를 인간의 가치 안에서 찾아야 한다. 그러기 위해서는 인공지능을 이용할 때 인간과 소통하고 공감하려는 태도가 선행되어야 한다. 윤리적인 관점에서 인간을 먼저 생각해야 한다.

이렇듯 이 책은 4차 산업혁명의 초입에서 로봇, 인공지능, 컴퓨터 기술 등 청소년들이 알아야 할 정보를 객관적으로 담았다. 4차 산업혁명이 무엇인지, 어떻게 생겨났는지, 미래에 어떠한 영향을 미칠지 설명하고 있다. 그러면서 4차 산업혁명 시대에서의 인재 조건, 주목받는 일자리를 소개해 과학 기술로 대변되는 미래 사회를 대비할 수 있도록 돕는다.

─────────────── 인공지능의 종류 ───────────────

인공지능은 컴퓨터 스스로 자신을 주체적으로 생각하느냐에 따라 강한 인공지능과 약한 인공지능으로 나뉜다. 강한 인공지능은 인간과 같은

지능을 지닌 인공지능으로 '나는 로봇이구나'라고 스스로 자각할 수 있다. 명령을 받았을 때 따를지 말지를 스스로 결정한다. 영화에 등장하는 사람을 정복하는 로봇이 여기 해당되나, 현재 실제적인 사례는 없다. 약한 인공지능은 인간과 같은 인지능력이 없다. 특정 영역에 최적화되어 문제를 해결하도록 설계됐다. 스스로 좋고 나쁨을 구분하지 못하고 입력된 명령에 따라서 제한된 범위 안에서 문제를 해결한다. 가정용 로봇청소기, 내비게이션 등이 해당되며, 현재도 다양한 분야에서 활용되고 있다.

4차 산업혁명 시대의 인재상

급변하는 디지털 기술의 파도를 타고 앞장서는 사람이 되기 위해서는 지금과는 다른 접근이 필요하다. 기술을 외면하고 자기 일에만 우직하게 몰두하면 살아남기 힘들다. 인공지능, 데이터, 통신, 로봇 기술을 이해하고, 빠르게 적응하며 수용하는 능력이 요구된다. 다양한 분야를 융합하는 사고와 함께 자신만의 전문성을 길러야 한다. 문제에 대해 효과적인 해결책을 제시하는 역량이 뛰어나야 한다.

급변하는 기술의 흐름을 알고 새로운 아이디어를 도출해 경쟁력 있는 제품과 서비스를 개발할 수 있어야 한다. 구성원 간의 협력적 소통 역량도 중요하다. 인터넷이나 가상현실로 초연결된 사회에서 서로 다른 배경을 가진 사람들의 생각을 이해하고 소통할 수 있어야 한다. 윤리적인 소양도 간과할 수 없다. 기술 사용에 있어 윤리적 문제를 고민하며 인간답게 살아가는 방법에 대해 끊임없이 생각하는 인문학적 사고를 지녀야 한다.

미래 사회에 대비하기 위해서는 당장 코딩을 배우는 게 중요한 일이 아니다. 넘쳐나는 정보와 지식을 제대로 읽고 활용하기 위해서는 기본기에 충실해야 한다. 즉, 국어, 영어, 수학 공부가 중요하다. 국어는 독해력, 즉 문해력을 위한 바탕이 되는 과목이다. 국어 능력이 없는 사람은 인터넷 문서를 비롯해 책이나 논문 등의 문서를 제대로 읽을 수 없다.

영어 공부도 소홀히 하지 말아야 한다. 대학이나 대학원에서 배우는 전문 지식은 대부분 영어로 쓰여 있다. 영어 공부를 해두면 전 세계가 하나가 된 만큼 진로의 길이 폭넓어진다. 수학 공부도 빼놓을 수 없다. 컴퓨터는 수학적 사고에 기초한다. 미래를 이끄는 사람은 기본적으로 수학 역량이 높은 사람이 될 것이다.

깊이 보고 넓게 읽기

심화활동	• 4차 산업혁명이 교육, 사회, 경제 등에 미칠 영향에 대해 토론한다. • 창의력, 공감 능력이 4차 산업혁명에서 필요한 이유에 대해 토론한다. • 4차 산업혁명으로 바뀌는 일자리와 삶의 방식에 대해 보고서를 작성한다.
함께 읽기	• 인공지능과 살아남을 준비 (김태권, 천개의바람) • 생성형 AI야, 내 미래 직업은 뭘까? (김원배 외, 동아엠앤비) • 인공지능 쫌 아는 10대 (오승현, 풀빛) • 인공지능, 마음을 묻다 (김선희, 한겨레출판) • 1일 1단어 1분으로 끝내는 AI공부 (최재운, 글담)

참고도서 목록

01. 박종호, 주예지, 《국어 교과서 작품 읽기 중1 수필》, 창비, 2017

02. 신보경, 《국어 교과서 여행 : 중1~3 : 시》, 스푼북, 2018

03. 전국국어교사모임, 《국어 시간에 시 읽기 1~4》, 휴머니스트, 2020

04. 나태주, 《나태주 시인이 들려주는 윤동주 동시집》, 북치는마을, 2020

05. 서울국어교사모임, 《김유정을 읽다》, 휴머니스트, 2021

06. 미하엘 엔데, 《모모》, 비룡소, 2024

07. 앙투안 드 생텍쥐페리, 《어린 왕자》, 열린책들, 2015

08. 김선영, 《시간을 파는 상점》, 자음과모음, 2012

09. 페터 빅셀, 《책상은 책상이다》, 위즈덤하우스, 2018

10. 김려령, 《우아한 거짓말》, 창비, 2009

11. 이금이, 《너도 하늘말나리야》, 밤티, 2021

12. 장재화, 《토끼전》, 휴머니스트, 2014

13. 앤드루 클레먼츠, 《프린들 주세요》, 사계절, 2001

14. 파트리크 쥐스킨트, 《좀머 씨 이야기》, 열린책들, 2020

15. 김려령, 《완득이》, 창비, 2023

16. 현덕, 《하늘은 맑건만》, 창비, 2018

17. 웬들린 밴 드나린, 《플립》, F(에프), 2017

18. 트리나 폴러스, 《꽃들에게 희망을》, 시공주니어, 1999

19. 리처드 바크, 《갈매기의 꿈》, 나무옆의자, 2018

20. 로이스 라우리, 《기억 전달자》, 비룡소, 2024

21. 장유승, 박동욱, 이은주, 김영죽, 이국진, 손유경, 《하루 한시》, 샘터, 2015

22. 권순긍, 《홍길동전》, 휴머니스트, 2014

23. 박지원, 《최성윤 교수와 함께 읽는 허생전/양반전》, 서연비람, 2023

24. 하근찬, 《수난이대》, 사피엔스21, 2012

25. 조지 오웰, 《동물농장》, 민음사, 2001

26. 박성혁, 《이토록 공부가 재미있어지는 순간》, 다산북스, 2023

27. 학연플러스 편집부, 《14살부터 시작하는 나의 첫 진로 수업》, 뜨인돌, 2021

28. 매슈 사이드, 《10대를 위한 그릿》, 다산에듀, 2019

29. 최태성, 《역사의 쓸모》, 다산북스, 2024

30. 이영숙, 《식탁 위의 세계사》, 창비, 2012

31. 김용규, 《철학 통조림 : 매콤한 맛》, 주니어김영사, 2016

32. 김구, 《쉽게 읽는 백범일지》, 돌베개, 2005

33. 김경서, 《똑같은 빨강은 없다》, 창비, 2018

34. 조원재, 《방구석 미술관》, 블랙피쉬, 2018

35. 김진엽, 《예술에 대한 여덟 가지 답변의 역사》, 우리학교, 2020

36. 스티븐 이설리스, 《클래식 음악의 괴짜들》, 비룡소, 2010

37. 탁민혁, 《10대와 통하는 스포츠 이야기》, 철수와영희, 2019

38. 한스 마그누스 엔첸스베르거, 《수학 귀신》, 비룡소, 2019

39. 최재천, 《과학자의 서재》, 움직이는서재, 2015

40. 에마뉘엘 보두엥 외, 《청소년을 위한 코스모스》, 생각의길, 2016

41. 정재승, 《정재승의 과학콘서트》, 어크로스, 2020

42. 이은희, 《하리하라의 과학 24시》, 비룡소, 2023

43. 박지혜, 《누가 내 머릿속에 브랜드를 넣었지?》, 뜨인돌, 2013

44. 공윤희, 윤예림, 《오늘부터 나는 세계 시민입니다》, 창비교육, 2019

45. 마이클 샌델, 《10대를 위한 JUSTICE 정의란 무엇인가》, 미래엔아이세움, 2014

46. 김청연, 《왜요, 그 말이 어때서요?》, 동녘, 2019

47. 김정진, 《10대를 위한 총균쇠 수업》, 넥스트씨, 2023

48. 구본권, 《유튜브에 빠진 너에게》, 북트리거, 2020

49. 김서윤, 《토요일의 심리클럽》, 창비, 2011

50. 전승민, 《십 대가 알아야 할 인공지능과 4차 산업혁명의 미래》, 팜파스, 2024

"

책을 읽는다는 것에 대하여

"

입시가 먼 얘기처럼 들릴 것이다. 중학교 시절도 나름대로 낭만을 즐겨야 하겠지만, 초등학생 때처럼 해맑게 있다가는 입시 위주로 돌아가는 고등학교 생활에 적응하기 힘들 것이다. 그래서일까? 고등학교에서 아이들을 가르치며 꿈도 없고 어떻게 공부해야 할지 모르겠다는 학생들이 참 안타까웠다. '학교 수업 잘 듣고 책이라도 읽었다면 좋았을 걸' 이런 생각이 들었다.

꼭 최상위권이 아니어도 중학교 때 책을 가까이한 학생들은 남달랐다. 책에서의 지식과 경험으로 내적 성장을 이뤘다. 성숙한 사고로 자신의 미래에 대해 생각하고 계획하는 힘이 충분했다.

독일의 철학자 요한 볼프강 폰 괴테는 '책은 인생의 가장 좋은 스승'이라고 말했다. 흥미 있는 분야의 지식을 찾고자 할 때 인터넷에서 조각난 정보를 좇지 말고 책을 들춰보길 바란다. 책을 읽으며 다른 사람의 생각을 읽고 세상을 배우게 될 것이다. 책을 읽으면 읽을수록 스스로 지식을 탐구하는 자신을 발견하게 될 것이다. 배움을 몸소 실천하면 혼란스러운 사춘기 시절을 슬기롭게 이길 것이다.

책 읽을 시간이 없다는 걸 잘 안다. 하지만 건강한 신체를 위해 시간을 내어 운동하는 것처럼 지적 근육을 위해 독서 시간을 따로 마련하기를 추천한다. 어쩌면 수학 문제 하나 풀고, 영어 단어 하나 암기하는 것보다 책이 삶의 동기를 찾는 데 도움이 될 것이다. 독서를 통해 입시 준비는 물론 내면도 멋지게 성장하길 바란다. 여러분의 중학교 독서 인생을 응원한다.

에필로그

SKY 입시생 중등 필독서

1판 1쇄 인쇄 2025년 1월 10일
1판 1쇄 발행 2025년 1월 17일

지은이 박은선, 배혜림
발행인 김형준

책임편집 박시현, 허양기
디자인 design ko, 김한나
온라인 홍보 허한아
마케팅 성현서

발행처 체인지업북스
출판등록 2021년 1월 5일 제2021-000003호
주소 경기도 고양시 덕양구 원흥동 705, 306호
전화 02-6956-8977
팩스 02-6499-8977
이메일 change-up20@naver.com
홈페이지 www.changeuplibro.com

ⓒ 박은선, 배혜림, 2025

ISBN 979-11-91378-64-1 (43370)

체인지업북스는 내 삶을 변화시키는 책을 펴냅니다.